BUZZ

© 2021, Albany Park Partners, Inc.
© 2023, Buzz Editora.
Título original: *Betting on You: How to Put Yourself First and (Finally) Take Control of Your Career*

Publisher ANDERSON CAVALCANTE
Editora TAMIRES VON ATZINGEN
Assistentes editoriais LETÍCIA SARACINI, PEDRO ARANHA
Preparação BÁRBARA WAIDA
Revisão LIGIA ALVES, ALEXANDRA MARIA MISURINI
Projeto gráfico ESTÚDIO GRIFO
Assistentes de design LETÍCIA ZANFOLIM, NATHALIA NAVARRO

Nesta edição, respeitou-se o novo Acordo Ortográfico da Língua Portuguesa.

Dados Internacionais de Catalogação na Publicação (CIP)
(Câmara Brasileira do Livro, SP, Brasil)

Ruettimann, Laurie
Aposte em você!: Como se colocar em primeiro lugar e (finalmente) assumir o controle da sua carreira /
Laurie Ruettimann
Tradução: Cristiane Maruyama
São Paulo, Buzz Editora, 2023.

Título original: *Betting on You: How to Put Yourself First and (Finally) Take Control of Your Career*
ISBN 978-65-5393-229-6

1. Carreira profissional 2. Carreira profissional – Desenvolvimento 3. Carreira profissional – Planejamento I. Título.

23-154336 CDD-650.14

Índices para catálogo sistemático:
1. Carreira profissional: Desenvolvimento: Sucesso profissional: Administração 650.14

Aline Graziele Benitez, Bibliotecária, CRB-1/3129

Todos os direitos desta edição reservados à:
Buzz Editora Ltda.
Av. Paulista, 726, Mezanino
CEP 01310-100, São Paulo, SP
[55 11] 4171 2317
www.buzzeditora.com.br

Laurie Ruettimann

APOSTE EM VOCÊ!

Como se colocar em primeiro lugar e (finalmente) assumir o controle da sua carreira

Tradução
Cristiane Maruyama

*Para Sawyer e Lucas —
eu aposto em vocês.*

*ninguém, além de você mesmo,
pode te salvar e você merece ser salvo.
trata-se de uma guerra que não é fácil
de vencer, mas se tem algo que valha a
pena vencer é essa guerra.*
CHARLES BUKOWSKI

INTRODUÇÃO
Surpresa! O trabalho não está dando certo, 11

1. Encontre sua Tijuana: bem-estar estando no local de trabalho, 19
2. Seja um preguiçoso: trabalhe menos para conquistar mais, 47
3. Aposte em você: vença a síndrome do impostor e acredite no seu hype , 71
4. Conserte suas finanças: você não pode deixar seu emprego se estiver falido, 95
5. Esteja sempre aprendendo: não use o cérebro só para trabalhar, 117
6. Seja seu próprio RH: cuide de si mesmo no escritório, 141
7. Procura de emprego para iniciantes: como ser um espião secreto em busca de emprego, 161
8. Hora de ir embora: saia com dignidade e dinheiro no bolso, 185
9. É com você: dicas para consertar o trabalho em seis meses, 211

RECURSOS ADICIONAIS, 227
AGRADECIMENTOS, 229
NOTAS, 233

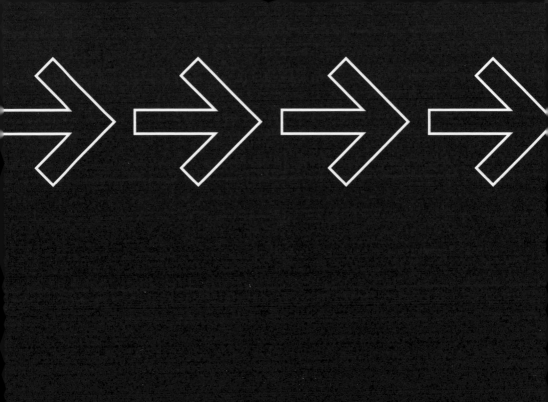

INTRODUÇÃO

SURPRESA! O TRABALHO NÃO ESTÁ DANDO CERTO

Você não é humano se não tiver odiado seu emprego pelo menos uma vez na vida.

Eu trabalhei no setor de recursos humanos da Pfizer, uma grande empresa farmacêutica que produz três medicamentos que quase todos os norte-americanos tomaram em algum momento da vida: Lipitor para o coração, Viagra para o outro coração e Xanax para praticamente todo o resto. Antes de começar na Pfizer, minha carreira em RH estava pegando fogo — se é que você pode estar assim no mundo tranquilo dos recursos humanos. Busquei quase todas as credenciais possíveis e tinha licença para dar cursos de liderança executiva, habilidades de comunicação e métodos avançados de sourcing e recrutamento.

No entanto, assim que consegui o emprego na Pfizer, as coisas mudaram. Muitas vezes eu sentia que minha maior realização era chegar ao fim do dia. Em algumas semanas eu já tinha consciência de que era uma rotina ruim. O trabalho que me fora prometido no papel — com desafios, grandes objetivos e muita autonomia — na verdade era um trabalho mesquinho, cercado por pessoas de mente estreita que só reclamavam e tinham medo de incomodar a cadeia de comando. Provavelmente muito parecido com o seu.

Na maioria das empresas, a cultura pode ser desorganizada ou quase tóxica. Muitas vezes o conflito não é abordado, a comunicação é muito ruim ou consiste em um fluxo interminável de conversas no Slack, e ninguém nunca responde aos e-mails. Na realidade, às vezes alguém responde — mas só a primeira pergunta, e não as outras quatro, ou então todos respondem ao mesmo tempo, no fim do dia, quando seu expediente já acabou e você quer fazer o jantar.

Talvez seu escritório seja ultrapolítico. Todos os líderes de nível sênior frequentaram a mesma universidade ou vão à igreja juntos. Todos na equipe de liderança usam a mesma bolsa ou a mesma marca de sapatos. Seu colega convidou seu chefe para o casamento dele, e agora, em uma estranha coincidência, essa pessoa fica recebendo as melhores atribuições.

Ou talvez seu escritório seja ok, as pessoas sejam legais, mas exista uma voz irritante na sua cabeça que fica perguntando: "Isso é o melhor que eu posso ter?". Bem, estou aqui para te dizer que a sua carreira e a sua vida podem, sim, melhorar pra caramba — mesmo que você seja alguém como eu, que adora trabalhar, mas *odeia* o ambiente de trabalho.

Você decidiu ler este livro porque precisa de ajuda — independentemente de sua formação, seu histórico ou sua área de atuação. Meu histórico é corporativo, e os exemplos neste livro são extraídos da minha experiência pessoal, mas todo trabalho no século 21 pode ser desanimador — seja na cúpula ou no chão de fábrica.

Afinal, qual é a diferença entre alguém que tem um emprego em uma fábrica e um programador quando ambos têm um chefe idiota, uma carreira estagnada e um salário que não paga as contas? Eu vou te mostrar como priorizar o seu bem-estar físico, emocional e financeiro para que você se torne um colega, profissional, pai/mãe, parceiro/a e amigo/a melhor.

O mercado de trabalho mudou desde que comecei a escrever este livro. Meu objetivo inicial era criticar líderes e departamentos de RH sem muito cinismo. O desafio era ser sincera e, ainda assim, oferecer um fio de esperança. Agora, tenho de me segurar para não dizer: "Eu avisei".

Vivemos em uma era de incertezas, mas estamos mentindo para nós mesmos se acreditamos que sistemas, processos e programas já foram projetados para fazer os trabalhadores se sentirem seguros. Da bolha pontocom à Grande Recessão, o trabalho foi reestruturado por consultores e equipes de liderança para que as pessoas no poder sempre fiquem bem. São seus colaboradores, e em particular as pessoas não brancas, que arcam com uma quantidade desproporcional de riscos.

Dessa forma, pandemias, manifestações civis e crises financeiras tornam os princípios citados aqui ainda mais aplicáveis. Este livro vai te ajudar a criar sua própria cultura dentro da empresa, uma cultura que valorize você como pessoa antes de mais nada. Você vai receber conselhos e orientações para ajudá-lo a formar melhores relacionamentos e a se proteger contra práticas trabalhistas injustas, tanto individual quanto sistemicamente. Resumindo, estou aqui para ensinar você a ser seu próprio departamento de RH — uma habilidade necessária para que você possa se defender e defender o seu trabalho, antecipar más notícias e planejar seu futuro à sua própria maneira.

Talvez você sonhe em se arriscar, tornar-se um empreendedor e seguir seu próprio caminho, mas tenha medo da ruína financeira. Talvez você tenha um/a parceiro/a e filhos ou outros membros da família que dependam do seu ganho mensal. Vamos começar a planejar a próxima fase da sua vida agora, quer esteja empregado atualmente ou navegando pelo mar do desemprego e do mercado saturado. Porque, se quiser aprimorar sua carreira — e sua vida —, é hora de planejar um futuro melhor e apostar em *você* primeiro.

Aposte em você! é um manual para o trabalhador e a trabalhadora do século 21 que vai te ensinar a priorizar o seu bem-estar, assumir riscos ponderados em sua carreira, construir uma comunidade, se tornar uma pessoa que está sempre aprendendo e se desafiando — e ser seu próprio agente de mudança no processo. Em suma, vou usar meus anos de experiência em RH para mostrar exatamente o que você precisa fazer para tornar sua atual situação não apenas tolerável, mas notavelmente melhor. E vou te mostrar como explodir tudo e começar do zero.

Ao longo do caminho, você vai ler histórias sobre pessoas reais que têm empregos reais para ilustrar como colocar a casa em ordem, limpar sua vida e organizar sua saúde e suas finanças para ter alternativas reais. Algumas dessas histórias são embaraçosas e ridículas. Elas refletem o mundo absurdo da vida moderna. Não se preocupe: alguns nomes e linhas temporais foram modificados e detalhes reveladores, alterados e por vezes ajustados para proteger os inocentes e ir direto ao ponto: é hora de se colocar em primeiro lugar e finalmente assumir o controle da sua carreira.

Quando terminar este livro, você vai se sentir empoderado/a para exigir mais de sua vida e de seu local de trabalho, e saberá agir como seu próprio departamento de RH para mudar as coisas — mesmo que as pessoas que trabalham no verdadeiro departamento de RH não façam nada e o mundo pareça difícil de prever.

E, se nada disso funcionar, este livro vai ajudar você a deixar para trás sua função atual e encontrar um lugar melhor.

Eu sei de tudo isso por experiência própria, porque tomei meu próprio remédio e evoluí de um emprego sem futuro para uma carreira que melhora a vida das pessoas. E fiz isso sem comprometer totalmente os meus valores. Se existe uma coisa que aprendi ao longo do caminho, é isto: você conserta seu mundo consertando primeiro a si mesmo/a.

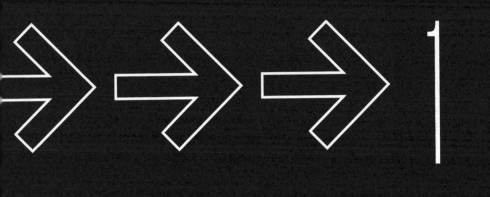

# ENCONTRE SUA TIJUANA

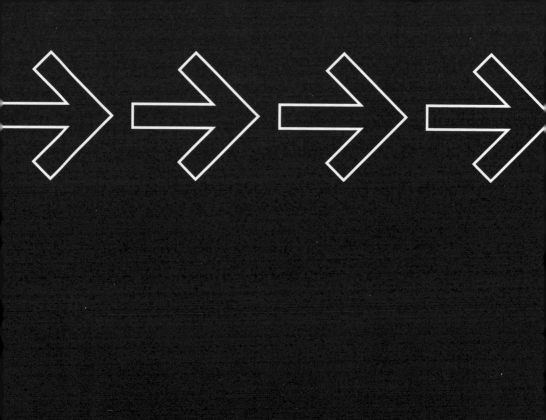

BEM-ESTAR ESTANDO NO LOCAL DE TRABALHO

Se não entender a si mesmo, você não vai entender mais ninguém.
NIKKI GIOVANNI

Na época em que Bill Clinton era presidente e o corte de cabelo "Rachel" estava na moda, eu era uma estudante universitária que não tinha apoio financeiro ou emocional da minha família proletária. Durante o dia, assistia a aulas que eu não podia pagar em uma faculdade de artes liberais bem cara. À noite, eu fazia parte da economia gig[1] antes de isso virar modinha. Meu trabalho principal era atender telefone no Departamento de Estudos Religiosos da universidade como parte do estágio remunerado. Mas também fui lanterninha de teatro, babá e até balconista da Blockbuster, onde cobrava as multas de clientes que esqueciam de rebobinar as fitas VHS.

Nenhum desses empregos pagava bem. Somando todos, eles me rendiam cerca de cem dólares por semana, dinheiro suficiente apenas para cobrir o aluguel e a comida para mim e minha gata, Lucy. No terceiro ano, meu telefone foi cortado. Eu gastava muito com o veterinário da Lucy, então tive de fazer uma escolha entre os livros para estudar e as contas. Logo depois, me envolvi em um acidente de carro e não tinha como pagar os reparos, então fiz uma gambiarra e usei uma corda de bungee jump para prender o para-choque no chassi.

Em vez de focar as coisas positivas de estar na faculdade — a oportunidade de aprender e crescer ou o benefício de ter novos amigos com diferentes pontos de vista —, eu me sentia como um homem de meia-idade que vivia com a esposa, dois filhos e uma dívida crônica.

A certa altura, cogitei abandonar o curso para colocar minhas contas em dia. Procurei o conselho de uma orientadora acadêmica, que me disse que dar um tempo seria um desastre. Deixar a faculdade, mesmo que por um semestre, arruinaria minhas chances de crescimento. Ela me encorajou a apostar no meu futuro e fazer outro empréstimo estudantil com uma taxa de juros de 8,25%.

Embora seja verdade que ter um diploma universitário já ajudou uma geração de pessoas a pular para a classe média, minha orientadora era tendenciosa em favor da instituição que pagava seu salário. Em vez de me ajudar a resolver meus problemas financeiros e meus desafios acadêmicos, ela ressaltou qualidades positivas que eu já tinha conquistado com a minha formação, e não me fez pensar criticamente sobre meu futuro. E, apesar dos sinais de alerta de que minha dívida do financiamento estudantil seria impossível de pagar e poderia falir meu futuro, ela me disse para não largar a faculdade por causa do tempo e da energia que eu já tinha investido.[2]

Escolhi continuar na universidade, mas estava cansada de viver com o dinheiro contado. Perguntei a mim mesma: "O que uma pessoa rica faria?".

Em primeiro lugar, as pessoas ricas têm uma renda substancial.

Voltei para a universidade e pedi ajuda. Alguém deu uma fuçada e encontrou um estágio remunerado que não exigia experiência prévia. Era em uma fábrica de doces ao lado de uma prisão de segurança mínima. Quando pedi uma descrição do trabalho, eles não tinham muitos detalhes.

"Você vai trabalhar em um departamento chamado RH. Boa sorte, garota."

Preciso dizer logo de cara que eu nunca quis trabalhar com recursos humanos. Na verdade, eu nem sabia o que "RH" significava quando fui para a entrevista. O gerente que me entrevistou explicou que o RH aplicava as políticas da empresa, cuidava para que todos fossem pagos em dia e criava sistemas para evitar processos trabalhistas. Nada disso fazia sentido para mim, mas me animei quando soube que pagavam oito dólares a hora e todos os doces de alcaçuz e balas de goma que eu conseguisse comer.

Eu odiava doce de alcaçuz, especialmente aquele preto antigo que tem gosto de barro picante, mas o salário-mínimo naquela época era de 4,25 dólares a hora. E esse novo emprego quase dobrava minha renda. O diretor de RH me disse: "Você vai ter um plano de carreira e muitas oportunidades. Talvez um dia você possa contribuir para um plano de previdência".

Aqueles primeiros dias foram difíceis. Continuei fazendo faculdade em tempo integral e trabalhava 25 horas por semana arquivando papelada e protegendo o aparelho de fax da empresa contra uso inadequado ou excessos (já naquela época as empresas não confiavam nas habilidades tecnológicas das pessoas).

Não demorei muito para começar a perceber sinais de que era culturalmente inadequada para o emprego. Minha cabeça era raspada, eu usava piercings nas sobrancelhas, além de não ter roupas profissionais. Depois de uma semana no trabalho, minha chefe me chamou reservadamente e disse que acreditava no meu potencial, mas me pediu para melhorar a minha aparência. Ela me pediu para deixar o cabelo crescer, vestir roupas mais discretas e tirar os piercings. Fui à JCPenney e comprei algumas calças pretas e uns cardigãs. Também troquei meus coturnos genéricos por mocassins da Payless ShoeSource. Então, pedi a um colega que trouxesse um alicate e me ajudasse a tirar o piercing enferrujado no estacionamento da fábrica.

Uma vez que minha aparência não era mais um problema, as pessoas puderam ver que eu tinha talento. Eu não me incomodava em enviar memorandos por fax ou ficar tirando cópias. Fiz amizade com os horistas e ouvia suas histórias, o que significava que eu sempre tinha informações privilegiadas sobre as fofocas e intrigas da fábrica. Além disso, eu era uma excelente recrutadora, capaz de ler um currículo e entender instintivamente se alguém era uma boa opção para determinada vaga.

Quem poderia saber que eu tinha essas habilidades?

Depois que me formei, eu sonhava em fazer pós-graduação, mas tinha medo de contrair mais dívidas. Então, fiz um corte chanel com uma franja nada lisonjeira e consegui um novo emprego em uma empresa chamada Monsanto, onde ganhava dezesseis dólares a hora como recrutadora. Eu contratava engenheiros e químicos. Ainda não podia voltar ao estilo punk rock, mas estava muito feliz pelo salário que recebia. Meu telefone foi religado, o aluguel foi colocado em dia e eu podia comprar comida para mim e pagar o veterinário da Lucy.

Mas não era como se esse trabalho fosse me deixar rica. Eu ganhava apenas o suficiente, embora com algum ressentimento. Em várias manhãs, eu passava com meu Honda de suspensão elevada por manifestantes que se opunham ao uso de um produto da Monsanto chamado Posilac — um hormônio dado às vacas para aumentar a produção de leite — e de outro produto chamado Roundup, um controverso herbicida. Eu simpatizava com as crenças deles ao mesmo tempo em que me perguntava como aqueles homens e mulheres tinham a liberdade de tirar folga.

Cerca de dois meses depois, um homem entrou no meu escritório. Era alto, bonito e um pouco mais velho que eu. Ele se apresentou como Ken, e meu mundo nunca mais foi o mesmo. Ken era um engenheiro químico que produzia medicamentos para a Monsanto e precisava de ajuda com uma contratação para sua equipe. Não lembro exatamente sobre o que conversamos, mas lembro de como ele me fez sentir — confortável, bonita com meu cabelo chanel e meus cardigãs, e notada.

Tivemos um relacionamento ioiô por alguns anos antes de nos casarmos.

Por fim, saí da Monsanto e segui para meu próximo emprego na área de RH, que pagava mais. Ken gostava de seu trabalho, foi promovido várias vezes e, em 2004, quando a Pfizer e a Monsanto se fundiram, ele foi realocado. Nessa ocasião, a Pfizer me ofereceu a oportunidade de ser entrevistada para um cargo no departamento de RH. Eu estava interessada? Eu pensaria nisso?

Eu não estava animada para trabalhar para a maior indústria farmacêutica do mundo, mas eles descreveram um cargo em que eu treinaria e aconselharia líderes sobre iniciativas estratégicas de RH e estratégias de gestão em toda a empresa. Falaram sobre infinitas oportunidades de aprender com alguns dos melhores líderes empresariais do mundo. E prometeram uma cultura de inclusão, colaboração e transparência. Ainda que eu me sentisse como se estivesse me vendendo para uma gigante farmacêutica, pensei que poderia aprender e, para ser honesta, teria um salário maior que o de qualquer outra vaga na área.

O que eu não sabia é que a Pfizer enfrentava o que tantas outras organizações enfrentavam em vários pontos: muitos funcionários e nem tantos medicamentos sendo vendidos. Haveria demissões, e a empresa precisava de alguém que fosse lá e fizesse acontecer. Essa pessoa era eu.

Ninguém foi honesto comigo sobre as atribuições da vaga quando voei para Nova York e me reuni com a equipe de RH. Em vez disso, o vice-presidente de recursos humanos discursou longamente sobre si mesmo e me avisou: "Nós acreditamos na cadeia de comando aqui. Você pode cometer todos os erros que quiser. Agora, se você cometer um erro e não me contar, vou fazer da sua vida um inferno".

Eu pensei que ele estivesse brincando. Ele ficou parecendo o Dr. Evil dos filmes de Austin Powers, mas o cara estava falando sério e, também, superimpressionado consigo mesmo por parecer tão durão. Então ele me olhou nos olhos e perguntou: "Do que a gente precisa para você aceitar a minha oferta?".

"Dinheiro", eu disse. "Muito dinheiro."

E assim foi: eles me pagaram muito bem. Minha função na Pfizer era remunerada com um salário generoso mais bônus e opções de compra de ações, além de todos os benefícios de um emprego corporativo — excelente plano de saúde, plano de aposentadoria, opções de compra de ações, folga remunerada, celular corporativo e muitas vantagens para o seu bem-estar. É difícil recusar um pacote de compensação tão lucrativo, ainda mais quando você está sobrecarregada com dívidas do financiamento estudantil, mas o discurso intimidador foi um sinal claro de que ganhar esse dinheiro não seria fácil.

Para me preparar, li alguns livros de autoajuda da biblioteca local. Aprendi a fazer exercícios de respiração profunda. Na noite da véspera do meu primeiro dia, pendurei uma placa no espelho do banheiro que dizia: NINGUÉM PODE FAZER VOCÊ SE SENTIR INFERIOR SEM O SEU CONSENTIMENTO.

Ken me perguntou: "Isso não é meio exagerado?".

Eu respondi: "Você não conheceu o Dick".

Meus instintos estavam certos. O papel de liderança que me foi prometido? Uma piada. E a promessa de um ambiente colaborativo e solidário também era mentira. Não demorou muito para eu descobrir que o emprego na Pfizer era menos glamuroso do que o prometido. Em vez de me envolver em decisões estratégicas do RH em toda a empresa — ou até mesmo ter uma oportunidade de receber mentorias das pessoas que tomavam essas decisões —, voei para lugares como Terre Haute, Indiana e Lincoln, Nebraska para informar às pessoas que elas não tinham mais seus empregos.

Quando tentei conversar com colegas sobre essa atribuição terrível, enfrentei a mesma situação vivida durante meu estágio, quando não conseguia encontrar ninguém que se parecesse comigo ou que agisse como eu. Trabalhava com caras do TI de meia-idade e senhoras conservadoras de Manhattan que usavam unha francesinha e lenços elegantes. Eles tinham vidas, origens e interesses diferentes. E todos continuavam a usar siglas e palavras da moda para se comunicar.

Por exemplo, a empresa não estava demitindo pessoas que tinham coração e alma. Em vez disso, estava capitalizando sinergias corporativas e eliminando ineficiências institucionais ao criar COEs (Centros de Excelência) para melhor atender os stakeholders. Também estava reduzindo o inchaço e reinvestindo na transformação organizacional para produzir maior valor para os acionistas no longo prazo.

Escolha a frase que quiser: nada disso fazia sentido.

Enquanto as demissões aconteciam, a Pfizer contratou uma nova diretora de RH e acrescentou mais uma camada de burocracia sobre o meu VP de RH.[3] Essa nova líder usava o helicóptero da empresa para ir de sua casa em Maryland à nossa sede em Nova York todos os dias. Ela não era a única executiva com privilégios pessoais de uso do helicóptero, mas a impressão que passava era horrível. Eu lutava para fazer o meu trabalho em um ambiente onde os executivos brincavam enquanto Roma pegava fogo.

O pior foi que eu me deixei levar pelo hype e desenvolvi uma espécie de síndrome de Estocolmo em que acabei me voluntariando para deveres que eu não queria e responsabilidades que prejudicavam o meu equilíbrio entre trabalho e vida pessoal, só para provar que eu merecia mais.

Mais o quê?

Quem sabe? Mais dinheiro, mais responsabilidade, mais reconhecimento, mais amor, mais autoestima, mais respeito. Mais tempo com executivos que nunca iriam gostar de mim ou apreciar minha colaboração. Mais visibilidade por parte de líderes que menosprezavam pessoas como eu, que não moravam na parte certa do país nem frequentaram universidades prestigiadas. E mais oportunidades para impressionar pessoas que nunca iriam valorizar minhas contribuições.

Quanto mais eu tentava, menos gostava do meu trabalho. E, quanto mais horas eu passava trabalhando, menos ganhava, tecnicamente, por hora. De repente, mesmo com aquele salário de seis dígitos, parecia que eu estava de volta ao balcão da Blockbuster — se bem que as pessoas de lá sorriam mais e me cumprimentavam.

Por que o RH era tão terrível? Quando trabalha com recursos humanos, você vê o submundo de toda a organização. Muito do seu tempo é gasto arbitrando lutas entre adultos e responsabilizando pessoas por fazerem o mínimo possível — e isso apenas no próprio RH. Depois, tem as coisas loucas.

Você já teve um colega que se vestiu como um bebê e usou apenas um gorro e uma fralda no Halloween? Você já ouviu falar de alguém que ligou dizendo que não podia ir trabalhar porque seu cachorro tinha morrido, e esse mesmo cachorro morreu novamente dois meses depois? Alguém já te pediu conselhos sobre como beber em uma festa da empresa, cair "acidentalmente" e apresentar uma reclamação trabalhista?

Todo dia era uma jornada pelos mistérios do comportamento humano desviante. Eu me perguntava por que as pessoas agiam como idiotas. Não conseguia entender por que repetidamente cometiam os mesmos erros. Era um mistério por que os adultos não conseguiam resolver seus próprios problemas básicos de conflito e comunicação. Sempre que o telefone tocava com um problema de relacionamento entre funcionários, eu balançava a cabeça e me perguntava quando os robôs finalmente tomariam conta de tudo. Em alguns dias, parecia que a automação e a inteligência artificial estavam demorando demais para chegar.

Mas, em vez de fazer um MBA ou cursos de gestão para desenvolver minhas ideias sobre o futuro do trabalho, eu ficava irritada e me sentia presa. Nos dias bons, eu era indiferente e não me importava com ninguém. Nos dias ruins, era uma babaca intragável.

Mas meus colegas também eram horríveis.

Em três anos, tive cinco chefes que deram apenas uma olhada no cenário disfuncional do nosso departamento de RH e encontraram outras oportunidades o mais rápido possível. O primeiro deles era até legal e me levava para jantar quando eu estava em Nova York. Uma vez, jantamos no restaurante do Four Seasons, no centro de Manhattan. Durante semanas eu falei para quem quisesse ouvir a respeito da sobremesa carro-chefe da casa, feita com um delicado algodão-doce cor-de-rosa. Não precisa muito para fazer uma garota simples como eu se sentir rica.

Meu segundo chefe era um ex-líder de vendas que foi transferido para o RH, e se esqueceu de me convidar para a festa de fim de ano. Quando perguntei sobre isso, ele disse: "Ah, sim, desculpe. Você não teria gostado". (De fato, isso é verdade. Mas fiquei chateada mesmo assim.)

A chefe depois dele sempre me chamava de Laura em vez de Laurie. Ela só parou quando a chamei de Denise em vez de Diana. E ainda tive outro chefe que me deu um feedback sobre o meu comportamento pedindo para eu não ficar ofendida, mas, se não fosse por causa do nosso empregador em comum, nós nunca seríamos amigos.

Eu respondi: "Não estou ofendida. Não somos amigos agora".

E foi isso. Na superfície, as coisas pareciam bem. Eu estava flutuando. Só que, se você olhasse com uma lente de aumento, poderia ver que eu estava cada vez mais perto de me afogar.

Então chegou o dia em que eu tive de dizer a Ken que ele ia perder o emprego. A Pfizer tentou desenvolver um medicamento para o colesterol melhor que o Lipitor e falhou.[4] O departamento de P&D foi reestruturado, e o setor em que meu marido trabalhava foi impactado. Ninguém no RH tinha permissão para me contar as novidades antecipadamente, mas ninguém no RH consegue guardar segredo. Não aguentei e tentei avisar meu marido durante o jantar, dizendo a ele que toda a sua equipe seria demitida em uma próxima reunião.

"Você não sabe do que está falando. Você trabalha no RH."

Mais de uma década depois, seu comentário ainda dói. Mas também me lembro do olhar no rosto de Ken quando ele chegou em casa na noite seguinte e se desculpou por ter desdenhado de mim. Eu estava certa, e ele havia perdido o emprego. A notícia me abalou muito — foi como se eu estivesse de volta na faculdade tentando alimentar minha gata e pagar minhas contas.

Racionalmente, eu sabia que ficaríamos bem. Mas, até Ken encontrar um novo emprego, eu tinha de permanecer na Pfizer. Alguém tinha de garantir o nosso plano de saúde, e esse alguém era eu. Oficialmente, eu estava presa.

O QUE A COURTNEY LOVE FARIA?

É fácil falar para as pessoas deixarem um emprego ruim e encontrarem um novo, mas raramente trocar de emprego é a solução.

Cinquenta e um por cento das pessoas não estão engajadas. O que isso significa: largue este livro. Faça contato visual com alguém. Um de vocês odeia ir trabalhar (e talvez seja você). Enquanto isso, 17% dos trabalhadores estão ativamente *desengajados*. Ou seja, um em cada cinco funcionários odeia seu emprego o suficiente para roubar comida da geladeira ou sabotar o que quer que o restante da equipe esteja tentando fazer. Espero que essa pessoa não seja você.

Bob Sutton, professor de negócios em Stanford e autor de *Chega de babaquice!*, uma vez me disse que a melhor coisa que você pode fazer por si mesmo é apostar no futuro e largar um emprego tóxico. Sim, existem mecanismos de enfrentamento de curto prazo que aliviam um pouco a dor, mas essa pesquisa mostra que a melhor coisa que você pode fazer pelo seu bem-estar mental e físico é ir embora e não olhar para trás.

Mas e se você estiver preso? Ou se você não quiser sair porque suspeita de que está apenas temporariamente frustrado e que as coisas podem melhorar? Enquanto desistir é a resposta certa para algumas situações, não é um caminho satisfatório ou realista para a maior parte dos adultos. E não era uma opção para mim na Pfizer. Ainda não, pelo menos.

Passei um ano na Pfizer matando o tempo e esperando uma mudança. Quando nenhuma cavalaria entrou na cidade para consertar minha vida, fui para a internet e procurei respostas sobre como reiniciar minha carreira. Mesmo naquela época, grande parte da internet era um lixo, cheia de citações inspiradoras e textos falando sobre como seguir suas paixões e seus sonhos. Poucos sites se dedicavam a conselhos de carreira honestos e pragmáticos. Foi quando decidi tentar responder às minhas perguntas sobre carreira iniciando um blog sobre o mundo dos bastidores do RH.

Isso mesmo. Eu escrevia um blog anonimamente enquanto estava trabalhando na Pfizer.

Meu tráfego cresceu rapidamente porque não havia muitos blogs por aí falando sobre recursos humanos e a verdade sobre como as decisões são tomadas no ambiente corporativo. Felizmente, para mim, eu poderia operar nas sombras. Poucas pessoas entendiam o que estava acontecendo na internet, e, embora de vez em quando alguém no escritório perguntasse sobre uma coisa nova chamada "rede social", eu simplesmente me fazia de desentendida e torcia para ninguém descobrir meu blog ou minhas redes sociais.

Ninguém descobriu, ou, se sabiam, não se importavam.

Ter um blog não era a solução para todos os meus problemas, mas foi um começo satisfatório. Mesmo sem saber, aprendi algo novo como escritora e profissional de marketing de mídia social.

Eu estava construindo um novo portfólio de habilidades profissionais enquanto exercia uma atividade porque era interessante em vez de apenas pelo dinheiro.

Mas eu me sentia sozinha e isolada ficando tanto tempo na estrada, demitindo pessoas em todas as filiais da Pfizer. Já fora de forma quando entrei na Pfizer, meu peso aumentou a cada nova viagem que eu fazia para demitir as pessoas. Eu tenho 1,52 metro e cheguei a pesar 72 quilos. O sobrepeso começou a afetar minha capacidade de fazer as coisas. Eu não conseguia atravessar o aeroporto para pegar um voo de conexão sem perder o fôlego, e sentia meu corpo sempre dolorido.

Eu sei que o peso não é indicativo de saúde. Algumas pessoas estão tecnicamente acima do peso e fazem triatlo, levantam pesos e correm. Outras pessoas são magras, mas não têm resistência cardiovascular suficiente para subir um lance de escadas. Há mulheres de aparência saudável com colesterol alto e homens grandes que parecem pesados, mas estão em excelente saúde. O peso é apenas um dado pontual da saúde. A mentalidade é outro.

Minha mentalidade? Bem, também estava uma droga. Nada me fazia feliz. Meu casamento, minha família, nem mesmo meus gatos. Tudo o que eu fazia era reclamar da vida e consumir açúcar, gordura e sal para melhorar meu humor. Quando as pessoas que me amavam tentavam me ajudar a sair desse estado de desamparo, eu retrucava e me fazia de vítima enquanto continuava a receber o meu salário.

Tenho sorte de ainda ter amigos.

Acima de tudo, meu sono foi impactado. Era difícil sair da cama, e reuniões matinais na Pfizer eram impossíveis. Eu pedia ao meu marido para me acordar antes de ele sair para o trabalho, mas na maioria das vezes eu virava para o lado e tentava dormir mais. Claro, eu tinha um despertador ao lado da cama, mas não era o suficiente. Também precisei programar um alarme em outro quarto. Se estivesse em um quarto de hotel, além do alarme no celular e no relógio na mesa de cabeceira, eu pedia ao concierge que ligassem para me acordar, com um detalhe especial: "Continuem ligando. Se eu não atender, mandem alguém bater na porta".

Acordada, a primeira coisa que eu fazia era tomar um café com alguns remédios. Às vezes, estamos deprimidos por motivos biológicos. Outras vezes, são as circunstâncias em nossa vida ou as escolhas que fazemos. No meu caso, foi tudo isso. Drogas farmacêuticas não conseguem curar a depressão causada pelo trabalho, mas eu tentei quase todas as opções no mercado para ter certeza. Prozac. Zoloft. Wellbutrin. Paxil. Lexapro. Buspar. Zyprexa. Risperdal. Seroquel. Remeron. Neurontin. Clonazepam. Trazodona. Topamax. Cymbalta. Lorazepam. Xanax. Drogas muito pesadas para alguém do meu tamanho, e nenhuma delas funcionou.

O pior de tudo é que cada medicamento vinha com um período de teste para determinar se eu conseguiria suportar os efeitos colaterais, sendo o mais comum o ganho de peso. Engordei tão rapidamente que um dos meus colegas de TI perguntou se eu estava grávida. (Esses caras de TI são meio sem noção.)

Tenho consciência de que é difícil sentir pena de alguém como eu, que ganhava seis dígitos e não conseguia sair da cama pela manhã, mas há consequências no mundo real para as pessoas que trabalham em empregos sem sentido que não contribuem emocionalmente para o mundo.

Em seu livro *Trabalhos de merda: Uma teoria*, David Graeber escreve sobre os problemas existenciais enfrentados pelos profissionais corporativos cujos empregos são inúteis e existem apenas para dar apoio a corporações hegemônicas fora de controle. Muitos desses profissionais definham o dia todo na internet — navegando pelo Twitter e pelo Facebook — tentando parecer ocupados.

Eu tinha um desses trabalhos de merda. Não havia propósito na minha vida além de implementar iniciativas de corte de custos que, no fim das contas, não faziam diferença alguma para a empresa. E, mesmo quando eu fazia o meu melhor, ninguém gostava de mim ou me agradecia por isso.

Durante uma dessas viagens que eu fazia pelo país para demitir pessoas, me senti especialmente triste e solitária em um aeroporto desolado no meio dos Estados Unidos. Para o jantar, eu tinha uma garrafa grande de Pepsi e um pacote de doces Starburst. Tentando me distrair, comprei uma revista de fofocas na livraria do aeroporto. Foi quando acabei lendo um artigo que dizia que Courtney Love tinha feito uma cirurgia para colocar uma banda gástrica no México.

Supostamente. Ela negou.[5]

Você pode estar se perguntando: quem é Courtney Love? Como é que eu sei esse nome?

E eu fiquei me perguntando: o que é uma banda gástrica?

Courtney Love é a viúva do astro do rock Kurt Cobain, vocalista do Nirvana. Isso eu sabia. Naquela época, ela foi manchete por causa da brusca perda de peso. Mas eu não sabia nada a respeito das cirurgias para perda de peso ou do fenômeno ainda pouco conhecido do "turismo de saúde".

Os iPhones ainda não existiam, e tudo que eu tinha era meu notebook pesado com a bolinha vermelha saliente no meio do teclado que estava sempre suja. Esse computador nem tinha Wi-Fi. Tive de voar para o meu destino e me conectar fisicamente à internet para saber mais sobre esse tipo de cirurgia.

Quando finalmente tive acesso à internet no meu quarto de hotel, não demorei muito para cair no buraco negro e ler sobre turismo de saúde, cirurgia para perda de peso e dezenas de celebridades que tinham feito a cirurgia mais barato no México.

Supostamente.

Graças a Deus pela Wikipedia e pelo WebMD. Aprendi que uma banda gástrica é um dispositivo médico que envolve seu estômago e restringe o fluxo de alimentos, fazendo você perder peso de forma lenta e constante. Ou pelo menos era o que prometiam as propagandas. Na época estava disponível apenas para obesos mórbidos e estrelas de Hollywood que podiam burlar o sistema e pagar pelo turismo de saúde em Tijuana, no Brasil ou em Singapura.

Fiquei paralisada e pensei: "Uau, o dinheiro resolve problemas".

E eu não estava errada. O dinheiro pode não trazer felicidade no sentido tradicional, mas oferece opções e ajuda a resolver problemas. Na verdade, as empresas sabem que a maneira mais eficaz de resolver um problema é jogando dinheiro nele. Elas negam, mas é verdade. Precisa de ajuda para implementar mudanças nas iniciativas de gestão? Contrate uma equipe de especialistas. Perdeu um CEO de alto nível? Contrate outro. Não consegue resolver um desafio de fabricação? Contrate um consultor. Precisa de insights para saber o que seus concorrentes estão fazendo? Pague por dados melhores.

A Pfizer demitiu pessoas no mundo todo, mas ainda gastava dinheiro para resolver os desafios da empresa. Gastamos dinheiro na reforma dos prédios para criar ambientes de escritório sem paredes ou divisórias. Gastamos dinheiro com consultores de gestão que nos ajudaram a navegar por mudanças organizacionais. E gastamos dinheiro em grandes pacotes de remuneração para atrair executivos talentosos que, do contrário, fugiriam de um ambiente tóxico como o nosso.

Quando uma empresa como a Pfizer enfrenta desafios, ela realoca o orçamento para manter seu domínio no mercado. Os líderes não têm problemas de ansiedade quando recebem seus salários e se dedicam a projetos pessoais. Eles não se perguntam se um concorrente como a Novartis merece mais sucesso neste trimestre. As empresas pesam os custos de curto prazo contra os benefícios de longo prazo e investem em si mesmas, ou seja, elas gastam dinheiro para ganhar dinheiro.

Você percebe o que isso significa?

As empresas se colocam em primeiro lugar.

Se eu quisesse consertar meu trabalho e minha atitude em relação a ele, eu tinha de ser como a Pfizer e jogar um jogo maior e melhor. Eu tinha de considerar meus interesses de longo prazo, investir no meu futuro e me colocar em primeiro lugar.

A primeira coisa que eu questionei foi a história que contei a mim mesma. Eu estava realmente presa nesse trabalho? Que benefícios eu ganhava com um emprego estável? Eu poderia fazer alguns sacrifícios de curto prazo e melhorar minhas opções de longo prazo? Uma carreira nas trincheiras do RH valia o preço físico e emocional pago pelo meu corpo? O que eu sonhava em fazer com a minha vida, e o que eu poderia fazer em seis meses para mudar?

Sentada naquele quarto de hotel no coração dos EUA, surgiu uma visão maior da minha vida. Com um pouco de dinheiro alocado para as despesas apropriadas, eu poderia ser qualquer coisa que eu quisesse ser: estrela do rock, maratonista, atleta amadora, empresária ou talvez até uma verdadeira escritora que publica algo mais substancial que apenas um blog.

Meu trabalho de merda na Pfizer não precisava ser nada mais que um pontinho no meu currículo, mas seria necessária uma intervenção externa de proporções épicas para mudar minha vida e encerrar oficialmente minha carreira na maior empresa farmacêutica do mundo.

Foi quando decidi fazer uma cirurgia bariátrica no México.

SONHO DE TIJUANA EM UM DIA DE INVERNO

Qual foi a coisa mais louca que seu parceiro ou cônjuge já te disse?

Meu marido ouviu meu plano de me submeter a uma cirurgia bariátrica no México e sua reação foi tipo *Não, isso não está acontecendo. Você enlouqueceu.*

Ele não estava errado. Colocar uma banda gástrica porque eu li sobre isso na internet parecia insano. Eu não poderia encontrar outra maneira de me pôr em primeiro lugar?

"Você é atraente e adorável sem intervenção médica", disse Ken. "Mas, se quer perder peso, tenha mais autocontrole. Não custa nada cortar um pouco as calorias. Se tem uma coisa que você pode começar amanhã é se exercitar."

Essas são as coisas pragmáticas e inúteis que as pessoas magras dizem sobre bem-estar.

Mas então Ken também disse: "Apesar da depressão, você é saudável. Por que fazer uma coisa tão arriscada?".

Foi quando eu o interrompi e argumentei dizendo que, se você está triste e desapontado com seu trabalho ou as circunstâncias da vida, então não está saudável. E eu estava pronta para mudar isso.

Eu trouxe à tona a minha versão mais corajosa e entrei em contato com uma clínica em Tijuana. Não se esqueça de que estamos falando do início do século 21, sem Google nem avaliações na internet para verificar a idoneidade do lugar. Não existiam ferramentas de recomendação como Yelp ou OpenTable. Mesmo fazer uma ligação internacional era extremamente caro.

Quando liguei para a clínica no México, eles me transferiram para uma recepcionista que sabia falar inglês, e ela me explicou que colocar uma banda gástrica é um procedimento simples. Eu não sairia do hospital no mesmo dia, mas não era uma recuperação longa. O cirurgião faria pequenos cortes no meu abdome, colocaria a banda em volta do meu estômago para diminuir o fluxo de comida, o que causa saciedade rapidamente, e depois me fecharia com pontos.

Sim, parece simples.

Fiz perguntas sobre como a banda gástrica seria monitorada e ajustada. E se ficasse muito solta ou muito apertada? E se eu me sentisse desconfortável? Meu seguro cobriria minhas consultas pós-cirurgia nos Estados Unidos?

A recepcionista me disse que qualquer médico ou cirurgião bariátrico nos Estados Unidos poderia facilmente acessar a banda e ajustá-la em um consultório apenas enfiando uma agulha cheia de soro na minha barriga. Eu tinha mais alguma pergunta?

A mulher começou a ficar impaciente enquanto eu continuava a perguntar sobre o procedimento, claramente ansiosa para fechar o negócio. Ela tentou arrancar um adiantamento para agendarmos o procedimento. Eu queria reiniciar minha vida com um novo começo e uma saúde melhor? Não acredito em bem-estar?

Ela não precisou pedir duas vezes. Transferi quatro mil dólares pelo PayPal e respirei fundo.

Algumas semanas depois, paguei o valor restante — outros quatro mil via PayPal — e me preparei para viajar para San Diego. Sim, minha banda gástrica custou apenas oito mil dólares. Insanamente barato em comparação ao valor cobrado no sistema de saúde dos EUA, onde o custo da cirurgia seria aproximadamente três vezes essa quantia, e ainda assim muito dinheiro para o cidadão mexicano médio que pode não ter acesso aos cuidados de saúde e serviços oferecidos por essas clínicas próximas à fronteira.

Enquanto arrumava as malas para Tijuana, li uma longa série de relatos de pessoas que fizeram cirurgia plástica no México e em outras partes da América Central. Brancos privilegiados podem ser racistas, mas existiam sérios problemas acontecendo no México naquela época: os sequestros feitos por cartéis de drogas estavam em ascensão, e o Departamento de Estado dos EUA advertia abertamente as pessoas a não viajarem para lá. Em média, seis cidadãos americanos eram sequestrados por mês.[6]

A histeria na internet não correspondia ao que eu sabia sobre Tijuana. Já tinha ido lá várias vezes quando criança, e sabia que era um lugar vibrante e acolhedor. Tenho lembranças calorosas de pegar o trem em San Diego para a fronteira mexicana, e me lembro de brincar com as crianças locais e correr pelas barracas dos mercados ao ar livre enquanto minha família almoçava.

Só que muita coisa aconteceu desde os anos em que eu estivera no México: a política e a paisagem social mudaram drasticamente por causa da política externa dos Estados Unidos e da chamada guerra às drogas. Se eu tivesse de viajar, o conselho da internet era levar mil dólares em dinheiro para subornos, divididos em dez notas de cem em envelopes separados. Essas pessoas também me aconselharam a dar gorjeta a qualquer um que pudesse intervir em um sequestro, embora eu não tivesse certeza de quem poderia arriscar sua vida por cem dólares se eu fosse sequestrada na rua.

Por precaução, fui ao caixa eletrônico e fiz o saque.

Várias semanas depois, voei para San Diego e peguei uma van fretada para Tijuana. A primeira parada foi no hotel com outros hóspedes norte-americanos que pareciam estar na cidade para fazer turismo de saúde também. O saguão estava cheio de homens e mulheres usando óculos de sol grandes, com gaze no rosto, ou vestindo roupas de compressão e andando devagar. Segui os conselhos da internet e dei ao concierge cem dólares, pedindo a ele que me ajudasse a evitar problemas. Ele apenas assentiu, tipo *Ok, não te conheço, mas aceito com prazer este envelope cheio de dinheiro.*

Quando perguntei onde poderia fazer uma refeição rápida, ele me disse para ir a um shopping ali perto. E por shopping ele quis dizer um conjunto de oficinas, farmácias, consultórios de dentistas e centros médicos que estavam em sua maioria vazios e fechados.

Hoje a zona central de Tijuana é um centro emergente de tecnologia e inovação. Tem lojas como Costco e McDonald's. Mas naquele tempo era muito diferente. A rua principal era conhecida por atender às necessidades de jovens norte-americanos com menos de 21 anos que gostavam de beber e festejar nos fins de semana, mas os cartéis tinham afugentado muitos turistas. Os negócios locais sofriam e as ruas pareciam abandonadas.

Quando saí do hotel, me senti como num daqueles filmes de faroeste macarrônico em sépia. O sol estava quente. Um vento seco soprava poeira em meus olhos. Aquelas bolas de mato seco rolavam rua abaixo. E eu não era apenas a única norte-americana loira andando pelas ruas: eu era a única pessoa na rua, ponto-final.

Depois de voltar da minha excursão ao shopping, a segunda parada foi a clínica de emagrecimento. Com uma decoração estilo anos 1990, em tons de rosa e branco, era difícil distinguir se o lugar era um hospital ou um call center. Talvez fosse os dois. Alguém me entregou uma prancheta, me encaminhou para uma sala de espera e, depois, me pediu para subir em uma balança que parecia ter sido feita para pesar gado. Uma enfermeira entrou no quarto logo depois e suspirou, me dizendo que eu não tinha peso suficiente para uma banda gástrica. Ou seja, meus 72 quilos não constituíam peso suficiente para eu fazer a cirurgia. Ela sentia muito, mas eu tinha de voltar para casa.

Entreguei cem dólares na mão dela. Ela não se mexeu. Então, lhe dei mais cem dólares. E, simples assim, estava qualificada para a cirurgia. É incrível, às vezes, como o dinheiro resolve problemas.

Mais tarde, naquela noite, contemplei o meu destino. A única coisa que separava uma cirurgia bem-sucedida de mim voltando para casa em um caixão eram envelopes de dinheiro, a competência de um médico desconhecido e procedimentos médicos reconhecidamente precários em um país estrangeiro.

Seria tão fácil quanto disseram que seria? Eu era vítima de uma máfia internacional de tráfico de órgãos prestes a roubar meus rins? Estava prestes a aparecer na última sequência de *Jogos mortais*?

A sorte favorece os que têm coragem. Eu estava pronta.

O procedimento aconteceu no dia seguinte, e foi tranquilo. Não é como fazer um tratamento facial, mas também não é tão doloroso quanto eu tinha imaginado. Eu tinha uma enfermeira designada, meu quarto era superlimpo, e o cirurgião me tratava com mais gentileza que o médico estadunidense que removeu minhas amígdalas. No primeiro dia pós-cirurgia, recebi uma massagem e não precisei de analgésicos — apenas anti-inflamatórios.

Enquanto fazia as malas para voltar para casa, dei uma gorjeta à enfermeira que cuidou de mim durante o processo. Então, voltando para San Diego, meu motorista foi parado pela patrulha de fronteira. Houve um problema com a van, e alguém pediu minha identidade. Em pânico, coloquei um daqueles envelopes com cem dólares dentro do meu passaporte. Devolveram meu documento sem o dinheiro, e eu estava livre para cruzar a fronteira com quinhentos dólares sobrando.

Mais tarde, usei o resto do dinheiro do suborno para comprar um passe para o American Airlines Admirals Club. Isso aconteceu há mais de uma década e sou membro desde então. *Do jeito que os ricos fazem!*

A DECISÃO QUE MUDOU A MINHA VIDA

A cirurgia bariátrica transformou a minha vida. Se isso soa como a lição errada para aprender em uma era de feminismo e ativismo gordo — em que atacamos mulheres de todos os tamanhos no Twitter e no Instagram em vez de expressar empatia por todos que estão em uma jornada de autoaperfeiçoamento —, talvez seja.

Mas também é a verdade. Não me arrependi nem tenho vergonha disso.

Quando voltei a trabalhar na Pfizer após a cirurgia, eu estava irreconhecível. Não perdi peso imediatamente, mas meu rosto estava diferente — menos carrancudo, mais sorridente. Deixei para trás a atitude negativa e me senti no controle da minha vida. A cirurgia de perda de peso me deu um maior senso de controle, que se refletiu na maneira como eu me portava. As pessoas me paravam no corredor e perguntavam se eu tinha tirado férias.

E eu respondia: "Sim, fui para o México".

Não era toda a verdade, mas também não era uma mentira total.

Em questão de semanas, parei de desejar comida ruim e me tornei vegetariana. Entrei na academia perto de casa e comecei a treinar para correr meus primeiros cinco quilômetros. Também não atrapalhou eu começar a fazer terapia e aos poucos parar de tomar os antidepressivos pesados.

E, pouco depois de voltar para casa, tive mais uma ótima notícia: meu blog anônimo tinha estourado. O público encontrava meu site quando buscava termos como "meu trabalho é uma droga" e "eu odeio RH". Meu blog oferecia às pessoas a esperança de uma vida melhor, e a esperança é o antídoto para quem se sente preso.

Seis meses depois da minha cirurgia em Tijuana, saí da Pfizer e comecei a escrever como ghostwriter para outros sites. A partir disso, abri minha própria agência de consultoria e entrei em uma prestigiada associação de gestão chamada Conference Board como editora colaboradora de sua revista impressa.

Depois de todos esses anos, a banda gástrica acabou não sendo mais utilizada, embora ainda permaneça no meu corpo — enrolada frouxamente em volta do meu estômago, mas sem restringir a minha ingestão de alimentos. Às vezes eu penso em reativá-la quando paro de seguir minha dieta. Porém, em vez de cortar calorias, aprendi a pegar leve comigo mesma. Quando não consigo seguir a dieta e me sinto exausta, ou acabo não cumprindo a minha rotina diária de exercícios, é quase sempre porque não fui dormir numa hora decente.

Talvez pareça ridículo ler uma história sobre uma ex-gerente de RH com depressão que encontra amor e autoaceitação depois de fazer uma cirurgia bariátrica duvidosa. Se entende as coisas dessa forma, este livro não é para você. Este livro é para pessoas abertas a ideias criativas e até malucas — prontas para correr riscos e se colocar em primeiro lugar.

Minha vida avançou quando parei de pensar que apenas o meu trabalho poderia me trazer felicidade. Minha equação estava toda desequilibrada. Fazer exercícios, comer alimentos de melhor qualidade, cumprir uma rotina de sono saudável, escrever, iniciar um negócio e mudar a minha mentalidade são os fatores que finalmente me trouxeram alegria. Eu me coloquei em primeiro lugar e minha vida começou a florescer. A sua também vai.

Eu sei que não é fácil se colocar em primeiro lugar, assumir o controle da sua carreira e lutar por si mesmo. Como Barack Obama disse: "A mudança não virá se esperarmos por outra pessoa ou outro momento. Nós somos aquilo pelo que esperamos. Nós somos a mudança que buscamos".

A mudança começa com perguntas difíceis sobre sua motivação, crenças, desejos, habilidades e limitações. Por que você faz as escolhas que faz? Quais são seus valores? Como você pode consertar o que dá para ser consertado e deixar todo o resto para trás? O que mais ou quem mais você está ignorando por causa do seu trabalho?

Ninguém pode responder essas perguntas por você, e você provavelmente não consegue responder sozinho. Você faz terapia ou tem acesso a um programa de assistência ao empregado? Um PAE é um recurso que ajuda os trabalhadores a lidarem com a saúde e o bem-estar mental e emocional. Se você não tem acesso a um PAE ou terapeuta, converse com um mentor. Fale com um líder religioso ou um amigo de confiança. Invista algum dinheiro e contrate um coach de carreira certificado. Faça parte de uma comunidade on-line com pessoas com as quais tem afinidades.

Desde que saí da Pfizer, me desculpei e me reconciliei com muitos dos meus antigos colegas e chefes. Dizem que a vida é curta, mesmo nos dias mais longos, e eu não via a hora de me reconectar com essas pessoas, tentar entender suas histórias e compartilhar a minha.

Também apliquei as lições que aprendi na Pfizer em minha consultoria, treinando inúmeras pessoas para deixar de tomar decisões em suas carreiras e em suas vidas baseadas no medo. Orientei essas pessoas a começar pelas pequenas coisas para melhorar sua qualidade de vida. Meus clientes vêm até mim procurando por alguém que resolva seus problemas. Mas, quando eles saem, estão totalmente imersos no mundo da *auto*liderança. Eles se recusam a correr para as reuniões matinais e, em vez disso, levam seus filhos para a escola todos os dias. Eles se filiam à ACM para fazer atividade física, contratam personal trainers e se tornam mais conscientes de seus hábitos alimentares se consultando com nutricionistas. Eles implementam pequenas correções e mudanças graduais, realizando pequenos experimentos que podem ou não funcionar. É isso que significa se colocar em primeiro lugar e priorizar o seu bem-estar emocional e físico.

Chuck Palahniuk, o autor de *Clube da luta*, disse: "As pessoas não querem que suas vidas sejam consertadas. Ninguém quer seus problemas resolvidos. Seus dramas. Suas distrações. Suas histórias resolvidas. Suas bagunças limpas. Afinal, o que restaria? Apenas o grande e assustador desconhecido".

Você pode dizer que a maioria dos que citam Chuck Palahniuk é formada por homens emocionalmente reprimidos que se agarram aos últimos traços da juventude. Mas veja: Chuck não está totalmente errado nessa. É fácil passar anos colocando suas necessidades em segundo plano e gastando energia com distrações que não importam só para não enfrentar o grande e assustador desconhecido. Mas estou aqui para te dizer que esse grande e assustador desconhecido não é tão assustador assim.

Fiz uma cirurgia bariátrica de baixo custo em Tijuana para conseguir recuperar o controle sobre minhas decisões e expectativas de vida — vamos resolver os seus problemas antes que você chegue nesse ponto. Se precisa de mais sono, durma. Se precisa de uma folga, tire. Reivindique o que é seu, como uma empresa faria. Você não deve satisfação a ninguém por priorizar o seu autocuidado: nem a seu chefe, nem a seus colegas, e certamente nem a seus amigos no escritório.

Você conserta o trabalho consertando *a si mesmo*. Eu garanto — porque eu sou a prova viva disso.

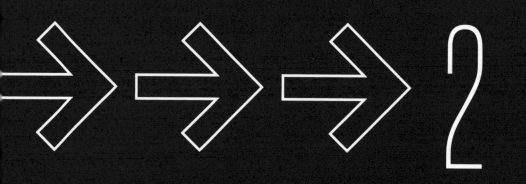

 # SEJA UM PREGUIÇOSO

TRABALHE MENOS PARA CONQUISTAR MAIS

Ter poder é ficar parado em uma esquina sem esperar por ninguém.
GREGORY CORSO

Quando encontra alguém pela primeira vez, como você se apresenta? Eu costumava me apresentar assim: "Oi, meu nome é Laurie. Sou escritora, palestrante e empreendedora. Amo confrontar e denunciar as piores coisas das empresas norte-americanas. Trabalhei em empresas como a Pfizer e a Monsanto, mas acabei deixando o mundo do emprego tradicional no começo da Grande Recessão e criei minha própria empresa de consultoria, coaching e palestras. Você trabalha com o quê?".

Você pode reconhecer essa fala como uma conversa de elevador, mas é muito mais que isso. Trata-se de uma "declaração de identidade profissional" que sinaliza informações aos ouvintes sobre minha formação, meu status social e minhas crenças. Por que usamos declarações de identidade profissional?

Não sou psicóloga comportamental, mas já li o suficiente para saber que o cérebro evolui aos poucos. Você pode achar que está conversando com um monte de pessoas importantes em uma festa, mas seu cérebro ainda está examinando o horizonte à procura de tigres-dente-de-sabre. As declarações que você faz sobre si mesmo são ferramentas poderosas que ajudam os outros a desconsiderar as distrações e fazer análises rápidas e razoáveis sobre você. Essas declarações são uma espécie de atalho para ajudar o cérebro a entender se você é um amigo ou um concorrente.

Infelizmente, declarações de identidade profissional também podem ser tóxicas.

Primeiro, você é mais do que aquilo que faz em seu trabalho. Um emprego é uma fração da sua identidade. Você também tem esperanças, sentimentos e sonhos que podem ser expressos de várias maneiras. Quando se define pelo seu trabalho, você limita a sua capacidade de contribuir como parceiro, cuidador, ou mesmo um membro da comunidade.

Depois, você pode se esconder atrás de sua identidade profissional e usar seu trabalho para se distrair dos traumas, abusos ou caos emocional. É bom ser um vice-presidente de marketing ou um designer sênior quando a vida é difícil. É um sinal para todos de que você é bem-sucedido apesar das dificuldades. Mas o seu emprego não é a solução para seus problemas ou desafios pessoais. E nenhum título profissional vai te trazer alegria ou propósito se você não consertar primeiro o que não está certo na sua vida pessoal.

Finalmente, a comparação é o destruidor da alegria. Declarações de identidade profissional tornam difícil ver alguém como algo além de um concorrente. Se você trabalha 60 horas por semana como gerente, mas Judy só trabalha 45, ela não deveria estar abaixo de você? Se você foi para a mesma faculdade que Liam, mas ele tem um carro da empresa, não há algo de errado com você?

Quando as pessoas trabalham comigo para melhorar a sua maneira de se relacionar com o trabalho, uma das primeiras coisas que faço é ajudá-las a entender a utilidade limitada de uma declaração de identidade profissional e, em seguida, redirecionar seu tempo e sua energia para o desenvolvimento de declarações de identidade sobre toda a sua vida.

Eu pergunto: o que você faz quando não está trabalhando? Qual lugar no mundo você nunca conheceu e sonha em visitar? Se tivesse permissão para ser um preguiçoso no trabalho, de que maneira você gastaria esse tempo disponível focando apenas em si mesmo?

Esta última pergunta levanta muitas objeções. As pessoas me dizem: "Laurie, eu não consigo ser preguiçoso. Não está no meu DNA fazer nada além de um ótimo trabalho. Eu sou uma pessoa ética no trabalho".

Eu retruco: quem é o preguiçoso? A pessoa negativamente obcecada com seu trabalho a semana inteira e que recebe por isso, ou a pessoa que cuida do próprio tempo e descansa o suficiente para ser produtiva no trabalho? Você poderia trabalhar de 25 a 30 horas por semana a 80% da sua capacidade e ainda assim ser mais produtivo que mais da metade dos trabalhadores desengajados e nem de longe tão dedicados quanto você.

É meu objetivo ajudar as pessoas a extinguir a declaração de identidade profissional em favor de uma #declaraçãohumana sobre quem elas são e no que acreditam. Em vez de ir a um evento de networking e falar sobre trabalho, é hora de falar sobre o que realmente importa — família, amigos, hobbies e interesses. E esse esforço começa comigo. Agora, é assim que me apresento em eventos de networking:

"Oi, meu nome é Laurie. Sou escritora, palestrante e empreendedora. Antes tinha um emprego de merda em RH, mas deixei o mundo do emprego tradicional no começo da Grande Recessão para me concentrar no meu bem-estar. Quando não estou trabalhando, faço voluntariado cuidando de gatinhos resgatados e leio ficção. O que você faz para se divertir?".

Não é perfeito, mas é *humano*.

É hora de trabalhar em sua #declaraçãohumana. Ela começa reconhecendo que você é mais que a soma do seu trabalho. Você tem uma identidade individual como pensador, estudante, pai/mãe, parceiro, escritor, corredor, iogue ou até mesmo um bom amigo que sempre leva doces para as festas. Você não é o que faz para viver. O que faz para viver simplesmente permite que você seja você mesmo.

O trabalho não vai te fazer feliz. Você se faz feliz. É hora de parar de priorizar sua carreira e começar a priorizar as coisas boas: relacionamentos, comunidade, sono, refeições nutritivas e o tempo aproveitado longe da tecnologia. Qual é o segredo? Onde está o atalho para esse equilíbrio de vida mágico e místico?

Não há solução rápida, mas aqui está o meu conselho: seja um preguiçoso.

COMO SE TORNAR UM PREGUIÇOSO

Não existe uma definição universal para um preguiçoso, mas a palavra descreve vagamente uma pessoa que fará qualquer coisa para evitar o trabalho.

Toda família tem um. Talvez seja um primo, um tio ou uma cunhada que sempre pede dinheiro emprestado e nunca paga. Ou talvez seja um sobrinho que nunca tem dinheiro, mas sempre usa roupas bonitas e tem o modelo mais recente do iPhone. (Mas não os meus sobrinhos. Eles são ótimos. Um trabalha como profissional de TI e o outro está no Ensino Fundamental.) A maior parte das famílias tem um indivíduo que preenche o estereótipo de "jovens de hoje em dia". Talvez seja você.

Toda equipe tem um preguiçoso também. Pode ser alguém que chega tarde, sai cedo e não contribui muito para um projeto. Às vezes é a pessoa que não se preocupa muito com as relações profissionais e não se importa com o crescimento de uma empresa. Os preguiçosos do trabalho são vistos como oportunistas que burlam o sistema e pensam que enganam todo mundo.

A preguiça foi elevada a uma forma de arte no final do século 20 por filmes do tipo *Como enlouquecer seu chefe* e *O grande Lebowski*, personagens como Ferris Bueller e Bart Simpson e músicos como Kurt Cobain e Billy Corgan do Smashing Pumpkins, que escreveu: "O mundo é um vampiro".

Mas o estado de cansaço e ceticismo se tornou um obstáculo na virada do século com o início da crise financeira global. As pessoas não podiam fazer nada além de *colocar frango no balde dos poderosos*, como Stephen Fry escreveu uma vez. A cultura ocidental também se reformulou em torno do nascimento das redes sociais, do crescimento de ferramentas de comunicação interconectadas e da adoção em massa dos sistemas de vigilância comerciais. É difícil tomar a decisão de sair da roda do hamster e dizer o que realmente pensa quando você está no Facebook e batalhando por um emprego. As empresas verificam seu computador no trabalho e procuram sinais de assédio sexual e espionagem corporativa em suas mensagens do Slack. Algoritmos monitoram os sites que você visita e preveem se está prestes a pedir demissão. Existe até um programa por aí que pode ler as teclas digitadas e prever se você corre o risco de cometer suicídio. Isso existe, de verdade.

Falando em batalhar, é difícil ser preguiçoso quando nossa cultura #semdorsemganho te pressiona a ser produtivo 24 horas por dia. Se você tem sorte, trabalha para uma empresa que te dá auxílio home office para cobrir os custos do cartucho da impressora e paga pelo congelamento dos seus óvulos — mas não garante que você receba salário equivalente ao dos homens na mesma função nem facilita sua vida quando você finalmente decide descongelar os embriões. Se você não tem essa sorte, é um batalhador que trabalha por contrato e se esforça para passar o mês. E quem quer ser um preguiçoso em qualquer uma dessas circunstâncias?

A preguiça não é apenas ruim no escritório, mas pode ser usada contra você — especialmente se você for negro. Sua tentativa bem-intencionada de ter equilíbrio entre trabalho e vida pessoal pode ser a desculpa de outra pessoa para queimar o seu filme.

Agora que pintei uma imagem sombria dos preguiçosos, me deixe virar o jogo e dizer que, embora ninguém queira ser visto como o idiota com uma péssima ética de trabalho, a preguiça pode salvar sua alma.

Deanna é a VP de comunicações de uma organização de mídia digital. Ela trabalhou duro durante o Ensino Médio e a faculdade como atleta e acadêmica, depois voltou a estudar, já como mãe, para cursar o MBA. Deanna é conhecida por ser uma líder criativa e compassiva. Ela incentiva as pessoas a darem o melhor de si, ao mesmo tempo que lidera pelo exemplo, e não se esquiva do trabalho árduo.

Deanna é a antítese de um preguiçoso, mas, depois de quinze anos como executiva corporativa, ela se sentiu esgotada e veio à procura de conselhos para a sua carreira. Ela é uma "millennial mais velha" que se sente um pouco velha demais. Eu poderia ajudá-la a sair da roda do hamster para estar em um emprego que não a mate? Seria possível manter seu nível atual de renda com um papel que não exigisse tanto tempo e energia?

Antes de trabalhar comigo, Deanna estava procurando um novo emprego, mas todas as oportunidades pareciam iguais: horas intermináveis no Slack e muito tempo gasto gerenciando políticas corporativas em vez de fazer o trabalho divertido de inovação.

"Estou exausta. Minha equipe já percebeu. Minha família me diz que eu trabalho demais. E não posso continuar tomando Zoloft para sempre."

Quando perguntei a Deanna sobre seus hábitos de sono e alimentação, ela riu alto. Sendo mãe de duas crianças com menos de seis anos — uma delas seguindo seu exemplo e demonstrando interesse por esportes —, ela não come nem dorme bem.

Esta era a vida de Deanna antes da covid-19: acordar cedo, creche, carona, um longo trajeto de ida e volta para o trabalho, pouca flexibilidade, muita responsabilidade com os filhos, um cônjuge que trabalha como líder executivo e não lava a louça, e hobbies e interesses que ficam inexplorados porque não há horas suficientes no dia.

"Antes eu fazia ioga e corria cinco quilômetros. Agora só participo de reuniões o dia todo e procuro erros nos slides do PowerPoint de outras pessoas antes de irem para a direção."

Deanna sofria da falácia da chegada,[7] a decepção que você sente quando atinge seus objetivos, mas o resultado não é o esperado. Em vez de ficar feliz com seu salário e gostar do seu trabalho, você se pergunta: "É isso? Não tem mais nada?".

Não tem.

Também é comum alcançar o próximo nível de sua carreira e ainda se sentir infeliz. Mas é importante saber que os sentimentos de contentamento e realização pessoal não vêm de trabalhar sessenta horas e ouvir "bom trabalho" de seu chefe. Eles vêm com a confiança e a maturidade. Você está fazendo um ótimo trabalho quando resolve problemas, aprende algo novo e depois passa um tempo fora do escritório para apoiar as pessoas e as atividades que ama.

Quando sugeri para Deanna ser preguiçosa — trabalhar menos, sair mais cedo, estabelecer limites, passar tempo com a família, fazer exercícios, ler e redefinir o que significa ser feliz —, ela tentou não rir novamente na minha cara.

"Sem querer ofender, mas as pessoas ficam de olho em mim. Não posso fazer isso. Eles vão pensar que eu não quero trabalhar."

Pedi a ela que me escutasse. "Já que as pessoas estão de olho em você, vamos ensinar uma coisa a elas. Finja que sua empresa é um cliente em vez de uma família. Se não tivesse tanto a perder, como faria as coisas de maneira diferente?"

Deanna precisava aprender a habilidade do desapego profissional — manter-se comprometida com o trabalho, fazer um ótimo trabalho, mas redefinir seu papel para que não seja sua única identidade.

Ela não discordou, mas não gostou.

"Isso parece arriscado, e não quero ser vista como fria ou desinteressada."

Essa é uma preocupação legítima. Mulheres e pessoas negras são submetidas a um padrão duplo no trabalho. Elas devem ser reservadas, mas calorosas; experientes, mas respeitosas com a equipe; e orientadas por dados, mas ainda assim compassivas. Deanna me disse que estava sempre disponível para sua equipe, mesmo fora do horário comercial, o que significava que ela não estava presente para o marido e os filhos. Confundiria seus colegas, ela argumentou, se de repente parasse de responder mensagens à noite sem explicação.

Pensamos em maneiras de bloquear o celular à noite e discutimos o que é preciso para criar um ambiente de trabalho onde seja seguro estabelecer limites.

Como ela poderia melhorar a comunicação diária, mas limitar as mensagens fora do horário de trabalho? É possível rastrear e analisar as "emergências" e agir no caminho inverso para criar processos e comportamentos que evitem que aconteçam? E como a equipe poderia falar com ela caso fosse necessário?

Deanna convocou uma reunião e pediu a opinião da equipe. Eles estavam se sentindo estressados? Eles poderiam descrever como se sentiam ao ter uma noite interrompida por uma suposta "emergência de trabalho"? Deanna tomou a frente e compartilhou sua luta para desligar o celular à noite, e outros entraram na conversa contando suas histórias. Em pouco tempo, todos concordaram que precisavam de definições comuns para "emergência" e "crise no trabalho".

Deanna pediu que sua equipe criasse um modelo de regras para comunicação fora do expediente. Eles decidiram que, se algo fosse uma emergência, seria necessário um telefonema. Se o celular tocasse e fosse um colega ligando, eles tentariam atender imediatamente ou ligariam de volta o mais rápido possível.

Como acabou funcionando?

Deanna me disse que as emergências caíram 90%. Ela agora tem tempo extra para se concentrar em suas prioridades máximas: família e bem-estar pessoal. Suas noites são livres para se exercitar, passar tempo com os filhos ou simplesmente ficar sentada no sofá assistindo TV sem se preocupar muito com o que aconteceu no escritório mais cedo.

Agora só precisamos que o marido lave a louça, mas eu não faço milagres.

"Eu estaria mentindo se dissesse que não verifico meu celular à noite", concluiu Deanna. "Mas agora posso realmente relaxar antes de verificar minhas mensagens e ir para a cama."

Deanna não apenas se sente mais equilibrada e conectada como está levando essa bandeira para outras partes da empresa. Ela fez uma parceria com seu gerente de RH para difundir as regras de equilíbrio entre trabalho e vida pessoal para outras unidades de negócios e equipes dentro da companhia. Recentemente, Deanna falou durante um painel em uma conferência de liderança e elogiou o distanciamento profissional, a comunicação honesta e a responsabilidade pessoal pelo bem-estar.

O *distanciamento profissional* — o ato de pausar, refletir e tratar seu trabalho como um quebra-cabeça para resolver em vez de uma extensão de sua identidade — evitou que Deanna deixasse a empresa. Ela não se rotulou como uma preguiçosa, mas eu vou fazer isso por ela. E por você também.

Estou pensando em fazer camisetas.

SAIA DA MARÉ BAIXA

Marcus era um experiente líder de recursos humanos a poucas semanas de ter um colapso nervoso.

Quando trabalhei com Marcus, ele era um enérgico gerente de RH apaixonado por relações trabalhistas e me chamava de "Munchkin" — que é uma raça de gatos gorduchinhos e de pernas curtas. Agora Marcus era um diretor de nível intermediário de meia-idade com dois filhos, muito cabelo grisalho e um pneu sobressalente na barriga. Apenas alguns anos tinham se passado, mas ele parecia bem mais velho e muito, muito cansado.

Nós nos sentamos num canto de um típico restaurante de Chicago chamado Golden Nugget e pusemos a conversa em dia enquanto comíamos uma pilha de panquecas. Antes de servirem a comida, Marcus explicou que fora recentemente diagnosticado com diabetes tipo 2 e pediu licença para verificar seu nível de açúcar no sangue. Isso me chocou. Eu sabia que o número de adultos com diabetes tipo 2 estava aumentando na maioria dos países,[8] mas não conseguia entender: como meu amigo — que parecia saudável alguns anos antes — poderia ter uma doença séria anteriormente reservada a pessoas como minha avó?

Quando Marcus saiu da mesa, quase chorei. Meu amigo estava deprimido.

A maré baixa chega para todos nós de vez em quando em nossa carreira. Você já trabalhou pra caramba e sentiu que ninguém percebeu? Seu chefe já lhe disse para fazer um trabalho de gestão melhor? Sua saúde fica em segundo plano no seu longo trajeto casa-escritório? Houve um momento em sua carreira em que você se sentiu impotente e preso?

Essa é a maré baixa. Ela afeta o corpo e a mente. É brutal tanto para o ego quanto para a alma.

Marcus voltou para a mesa e disse: "Laurie, estou pensando em trabalhar sozinho".

"Como uma empresa de consultoria?"

"Sim, uma empresa de consultoria focada em fornecer soluções reais de inclusão e diversidade para organizações de pequeno e médio porte. Vou fazer um pouco de coaching, algumas palestras, e o que mais for preciso para começar."

Fiquei sem palavras. Deixar um emprego com plano de saúde e benefícios tendo sido recém-diagnosticado com uma doença? Isso era o oposto do que Marcus deveria fazer.

"Você está me olhando com aquela cara, Munchkin. E aí?"

(É verdade. Eu não sei disfarçar.)

Acredito basicamente que largar o emprego e se tornar consultor é quase sempre ruim. E, sim, eu fiz isso. Por isso sei que é uma ideia ruim. Eis o motivo: um consultor corporativo não é apenas um consultor. É um diretor corporativo, administrador em tempo integral, contador, agente de viagens, líder de vendas, oficial da receita, diretor de marketing, consultor de mídia social, agente de atendimento ao cliente e estagiário nos momentos em que você corre para a papelaria porque está sem cartucho e precisa imprimir uma proposta.

Ser um consultor pode ser muito solitário. Mesmo se você for um introvertido esgotado que sonha em trabalhar em casa, vai passar mais tempo consigo mesmo do que com outras pessoas. A mudança de um ambiente de escritório aberto para seu escritório no andar acima da cozinha pode ser muito radical.

Os novos empresários raramente economizaram dinheiro o suficiente. Para deixar seu emprego e se tornar consultor, você precisará do equivalente a dois ou três anos de fluxo de caixa em sua poupança para sustentar o lançamento e o crescimento inicial da sua empresa. Além disso, você deve viver sem seus antigos benefícios corporativos ou substituí-los. Quando eu trabalhava na Pfizer, a empresa oferecia ampla cobertura médica privada, com abrangentes benefícios de medicamentos prescritos. O plano de aposentadoria era generoso e meu departamento pagava a conta do celular e da internet que eu usava em casa. Quando eu não estava me sentindo bem, tínhamos acesso a uma clínica sem pagamentos extras, além de programas de bem-estar. E todos os meus materiais de escritório eram gratuitos.

Além disso, o sistema tributário na maioria dos países não favorece as pequenas empresas. Ele promove os interesses de pessoas historicamente ricas que possuem propriedades e ganham sua renda por meio do trabalho de outros. Em todo o mundo, não há nenhum aspecto do capitalismo tardio que apoie empresas pequenas e locais em detrimento dos grandes conglomerados.

E conseguir que as pessoas assinem um cheque é difícil. Seu novo cliente corporativo nunca administrou uma pequena empresa, não sabe quão importante é o dinheiro da empresa dele para o seu resultado financeiro, e quer pechinchar cada centavo com você, porque negociar o faz se sentir um fenômeno do futebol.

O burnout corporativo é real, mas largar o emprego porque está numa maré baixa é uma ideia terrível que pode piorar ainda mais a sua vida. Você só pode consertar o trabalho consertando a si mesmo, não correndo para a economia gig em busca de soluções. O que quer que esteja ruim em sua vida não vai ser resolvido se o seu salário acabar, e a vida não fica mais fácil quando você está sob a pressão de lançar um novo negócio e é convidado para participar de todos os clubes do livro ou de reuniões do Rotary porque eles precisam de um líder local que esteja disposto a falar de graça.

Eu disse a Marcus: "Por favor, não saia do seu emprego. Vamos recuar o máximo possível no trabalho sem que você seja demitido. Depois vamos trabalhar em um plano para identificar três coisas que estão deixando você louco, mas que está ao seu alcance corrigir. Podemos dar um passo de cada vez e escrever um plano de negócios paralelamente. Se minhas soluções não funcionarem, eu ajudo você a lançar uma empresa".

Marcus me agradeceu pela oferta de ajuda e garantiu que pensaria no meu conselho. Uma semana depois, ele deixou o emprego e anunciou no LinkedIn que estava trabalhando como consultor de RH.

Preciso te contar o que aconteceu? Marcus passou a maior parte dos dois anos seguintes tentando lançar aquela empresa de consultoria enquanto se sentia péssimo. Ele começou um blog, falou em algumas conferências e até apareceu em alguns podcasts. Eu o encontrei duas vezes. Na primeira vez, ele parecia bem e até feliz. Mas, na segunda vez que o vi, talvez dez meses depois, ele me perguntou se eu poderia ajudá-lo a encontrar um emprego fixo na área de recursos humanos.

O que aconteceu foi que Marcus esgotou todas as suas economias e a paciência de sua esposa. Ele passava tempo demais no computador competindo com outros "líderes influentes" da área por curtidas e retuítes, e tempo de menos colocando clientes em potencial em seu funil de vendas. A saúde também não tinha melhorado.

Quando perguntei que tipo de trabalho ele queria, Marcus só me disse: "Alguma coisa que me pague um salário e não me mate".

Cara, eu conheço esse sentimento. Todo empreendedor acaba tendo um momento em que se pergunta: "Por que eu saí do meu emprego? Estava tão ruim assim? Eu deveria ter calado a boca e aguentado mais".

Marcus precisava de ajuda, mas não havia como encontrar um emprego sem fazer um trabalho interno para corrigir a maré baixa inicial. Então, prometi a ele que o ajudaria na busca por um emprego se ele fizesse algumas coisas por mim.

Primeiro, pedi que voltasse ao médico e fizesse um checkup. Precisávamos saber se Marcus estava numa maré baixa por razões *biológicas*, *psicológicas* ou *ambientais*. A medicina corrige a biologia, a terapia corrige a psicologia e o coaching corrige as razões ambientais a partir das quais cometemos os mesmos erros profissionais repetidamente.

Em seguida, pedi a Marcus que usasse um Fitbit ou algum dispositivo para rastrear seus passos e garantir que ele não passasse os dias sentado à mesa esperando por ofertas de emprego que nunca apareceriam. Não importava se Marcus atingiria ou não os tão elogiados dez mil passos: ele tinha de fazer outra coisa além de ficar checando seu e-mail o dia todo. A contagem de passos é uma boa e velha ferramenta de autorresponsabilização.

Além disso, ninguém domina o mundo com três horas de sono, então monitoramos o sono dele também, e tínhamos uma meta de sete horas de descanso todas as noites.

Por fim, Marcus teria de reservar mais tempo para se divertir. Eu não me importava se ele leria, dançaria ou passaria mais tempo com seus filhos. Ele só precisava sair da internet e mudar o ritmo.

Marcus concordou com meus termos e começamos a trabalhar. Eu o apresentei a recrutadores da minha rede de contatos que tinham experiência em encontrar empregos para profissionais que estavam voltando ao mercado e candidatos com mais experiência. Tivemos de gerenciar as expectativas dos gerentes de contratação (que em geral são etaristas), juntamente com as expectativas de Marcus de ganhar mais do que ganhava em seu último emprego. Ficamos fora dos quadros de anúncio de vagas, que são inúteis para pessoas com mais de quarenta anos, e dissecamos a rede de Marcus no LinkedIn em busca de conexões que poderiam abrir portas.

Finalmente, Marcus e eu conversamos bastante sobre sua atitude e suas expectativas para o próximo emprego. Marcus não é um preguiçoso tradicional e está sempre disposto a entregar 110%. Mas e se ele não precisasse trabalhar tanto? Argumentei em favor da preguiça.

"E se você desse 72% do seu melhor e guardasse o restante para sua família e sua vida pessoal?"

Marcus fez uma pausa e disse: "Talvez".

Marcus agora está em um emprego que não era muito diferente do seu último. O cargo é o mesmo, as exigências diárias são quase idênticas, e sua estrutura de salário e bônus corresponde ao que ele ganhava em funções anteriores. Mas fizemos o importante trabalho de melhorar seus resultados de saúde, elevar seu humor e encontrar para ele um emprego que não sugaria sua alma. E Marcus percebeu que, se você construir um sistema melhor para si mesmo e investir em seu bem-estar, não importa o sistema em que você trabalha. Conserte-se. Então, traga toda essa bondade da sua vida pessoal para o trabalho. Um estilo de vida saudável e prioridades realinhadas o ajudarão a triunfar sobre as obrigações medíocres de um trabalho comum.

Esse é um bom conselho para você também. Concentre-se em ser a sua melhor versão. Trabalhe com integridade. Seja profissionalmente desapegado. E, acima de tudo, seja um preguiçoso.

MAS, AFINAL, O QUE É AUTOCUIDADO?

Alguns anos atrás, meu marido e eu fizemos terapia de casal para afinar nosso casamento. Todo casamento tem desafios, e nosso relacionamento não é diferente. Ken é poupador, eu sou gastadora. Ele é reservado, eu sou cheia de energia. Ken adora gatos, mas eu quero um monte de animais, incluindo um cachorro, umas galinhas e uns cabritinhos. Não são diferenças irreconciliáveis. Nosso objetivo com o aconselhamento era simples: nós nos amávamos e queríamos nos comunicar de forma mais eficaz.

Uma amiga minha recomendou uma terapeuta que tinha se mudado recentemente para a área onde moramos. Ken foi consultá-la sozinho e foi questionado sobre seus hábitos de autocuidado.

Ken perguntou: "Que hábitos?".

A terapeuta respondeu: "Autocuidado".

Ken precisou que a terapeuta definisse o significado de autocuidado porque, como engenheiro químico PhD que lidera uma equipe global de outros técnicos, ele realmente nunca tinha ouvido a frase. Ela explicou: "O autocuidado quer dizer muitas coisas: exercício físico, nutrição, criatividade e sono. O que você está fazendo para cuidar de si mesmo?".

Quando Ken chegou em casa e me disse que não sabia o significado de autocuidado, eu achei que ele tivesse sofrido um AVC.

"Como assim você não sabe o que significa autocuidado?"

Ele disse: "Eu não leio o Goop".

Perguntei: "O que você acha que significa?".

Ele ficou vermelho e respondeu: "Achei que ela estivesse falando sobre masturbação".

Pela primeira vez na minha vida, fiquei em silêncio.

"Ela também perguntou sobre meus pais", continuou Ken. "Eu pensei que era assim: infância, masturbação e depois sonhos." (Não vou mentir, essa é uma visão geral sólida da maioria das sessões de terapia.)

Fazendo um retrospecto, não é de surpreender que Ken não estivesse ciente da mania do autocuidado. O verdadeiro autocuidado, em sua essência, é uma ideia simples: priorize seu bem-estar. Resumindo, isso significa: seja preguiçoso, desacelere e pare de tentar acompanhar os outros porque, em última análise, a única coisa que importa é sua saúde. Por causa do condicionamento social, é uma mensagem que não ressoa com caras corporativos de meia-idade como meu marido, embora devesse, pois esses são os indivíduos que relatam as maiores taxas de desespero, depressão e desengajamento.

Continuo apoiando totalmente as rotinas e os rituais saudáveis de autocuidado, mas o conceito em si acabou sendo distorcido. Se você assistir a vídeos do YouTube e stories do Instagram, autocuidado não significa mais bem-estar. Significa comprar itens de beleza exóticos de ex-celebridades que se tornaram gurus para mascarar a dor em sua alma, estocar roupas novas para sinalizar aos seus colegas que você é evoluído e seguir o guru da moda que vende velas, produtos de banho e outras coisas de que você não precisa e que só vão deixar a empresa dele mais rica.

Quando o Facebook me mostra anúncios de cremes faciais e aparelhos de massagem terapêutica, quase perco a cabeça. Autocuidado no século 21 é equivalente a fraude. É um fino verniz de autoaceitação que mascara uma mensagem corporativa mais profunda de indignidade que só pode ser eliminada por meio do consumo. O autocuidado contemporâneo é uma porcaria.

Não há a mínima chance de melhorar a condição geral de sua vida bebendo café com óleo de coco ou usando um aparelho de limpeza facial elétrico para remover células mortas da pele. O pior são aqueles aplicativos de meditação e relaxamento no seu celular que prometem felicidade em menos de oito minutos. Embora haja fortes evidências científicas dos efeitos do mindfulness, não há dados confiáveis que apoiem a eficácia desses aplicativos.

Mas vivemos em um mundo com uma mensagem singular: se pode comprar, você pode se tornar qualquer coisa. Paz, amor e iluminação estão a um clique de distância em seu celular.

Nosso mundo também está cheio de contradições: devemos viver com calma e comer alimentos naturais sem agrotóxicos, mas a maioria de nossos empregadores acelera o ritmo de trabalho e não nos paga o suficiente para podermos comprar produtos orgânicos e saudáveis. Deveríamos tomar sol e nos exercitar, mas muito poucos podem se dar ao luxo de tirar férias para fazer uma trilha ecológica em Sedona ou viajar para as praias do Caribe. E dizem que devemos cuidar de nosso corpo e dormir o suficiente, porém nosso sistema de trabalho continuamente exige maior produtividade e mais tempo no emprego.

A indústria do autocuidado é um castelo de cartas construído para monetizar seu medo, sua vergonha e sua ignorância da maneira mais traiçoeira: *fingindo* se importar com você. Eles sabem que você se sente mal porque eles fizeram você se sentir mal. E agora aparecem com uma solução que não resolve nada.

Tenho inveja do meu marido por ele não saber que essa microeconomia existia. Que mundo maravilhoso, não saber sobre suplementos de colágeno e grupos com filiação paga que ajudarão você a ter um tanquinho em sete minutos.

Mas agora você (e meu marido) estão cientes de que a indústria do autocuidado existe para te fazer se sentir mal, e você tem a obrigação de revidar se sentindo bem por conta própria. Como ser preguiçoso e priorizar o bem-estar emocional e físico sem gastar um só centavo?

Bem, você precisa de sono. Ar fresco. Alimentos nutritivos. Atividade física. Tempo longe da internet. Mais tempo com sua família. Hobbies e interesses. Atividades comunitárias nas quais se conecte com pessoas. Oportunidades para realizar atos de servir e ser útil. E nunca atrapalha adotar alguns animais.

É tão fácil assim? Nem a pau! A vida é dura. Você ainda vai sofrer. Vai fazer concessões. Você pode até se sentir insatisfeito com seu progresso e precisar ir a Tijuana para resolver seus problemas. Mas pelo menos vai sofrer nos seus próprios termos e sem acumular juros compostos em cartões de crédito que só servem para mantê-lo preso em seu emprego insatisfatório.

Se você não sabe onde encontrar toda essa vida saudável e esse autocuidado acessível por conta própria — ou não consegue se ver desenvolvendo um novo hobby na sua idade —, então não faça nada por enquanto. Apenas observe as pessoas bem-sucedidas ao seu redor. Quando sentir vontade, comece aos poucos. Encontre uma pessoa que esteja vivendo a vida que você deseja viver. Faça amizade com ela e seja curioso. Faça perguntas. Copie o que gosta sobre a vida dela e descarte o resto.

Tive um colega na Pfizer chamado Tim que estava vivendo a vida que eu queria: respeitado pelos colegas, desapegado do trabalho, mas maduro o suficiente para entregar excelentes resultados livres dos dramas do ambiente corporativo e das práticas políticas questionáveis. Tim raramente trabalhava à noite e aos fins de semana. Ele e a esposa, Vanessa, viviam com simplicidade e tiravam longas férias. Sua vida era tão fantástica que eu achava que era mentira.

Quando o conheci um pouco melhor, aprendi que a vida que Tim construiu — de equilíbrio, conexão profunda com a companheira e segurança financeira — nem sempre era perfeita e tinha levado anos para ser desenvolvida. A narrativa da carreira dele era como a minha e a sua: teve alguns empregos, odiou todos, olhou para dentro e percebeu que tinha de consertar o trabalho consertando a si mesmo.

Tim às vezes ainda odeia o trabalho, ele me disse. Fez aulas de controle da raiva porque seu emprego era muito frustrante, então se matriculou em um curso sobre redução do estresse usando técnicas de mindfulness. Depois disso, recebeu um certificado de coaching. Até hoje Tim ainda luta com a tendência muito humana de reagir antes de pensar.

"Eu não sou um garoto-propaganda para o equilíbrio entre trabalho e vida pessoal", disse Tim. "Só parece que tenho minha vida sob controle porque muitas outras pessoas não têm."

Depois que voltei de Tijuana, contei a Tim sobre minha cirurgia e pedi conselhos. Eu estava brincando com a ideia de deixar meu emprego e me tornar escritora. Meu blog estava indo bem. Tinha economias no banco que me permitiriam pedir demissão. Mas eu ainda estava hesitante em arriscar e apostar em mim mesma.

"Este trabalho vai me comer viva se eu permitir. Devo ficar ou devo sair?"

"Você deveria conversar com um especialista sobre o que está acontecendo em sua vida", ele respondeu. "E pare de procurar em outras pessoas, especialmente em mim, as respostas para perguntas que só você pode responder."

Foi quando eu disse a Tim: "Mas acho que você é o cara mais normal que eu conheço".

Tim riu. "O quê? Eu? Não, eu sou um *preguiçoso*. Você está prestando atenção no que estou dizendo?"

Eu estava. E espero que você esteja também.

Trabalhe para criar uma identidade que seja maior que o seu trabalho. Procure respostas dentro de si em vez de comprar uma solução no corredor de produtos de beleza. Seja preguiçoso e coloque-se em primeiro lugar. Pode parecer arriscado, mas, cara, como vale a pena.

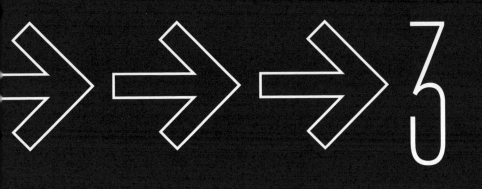

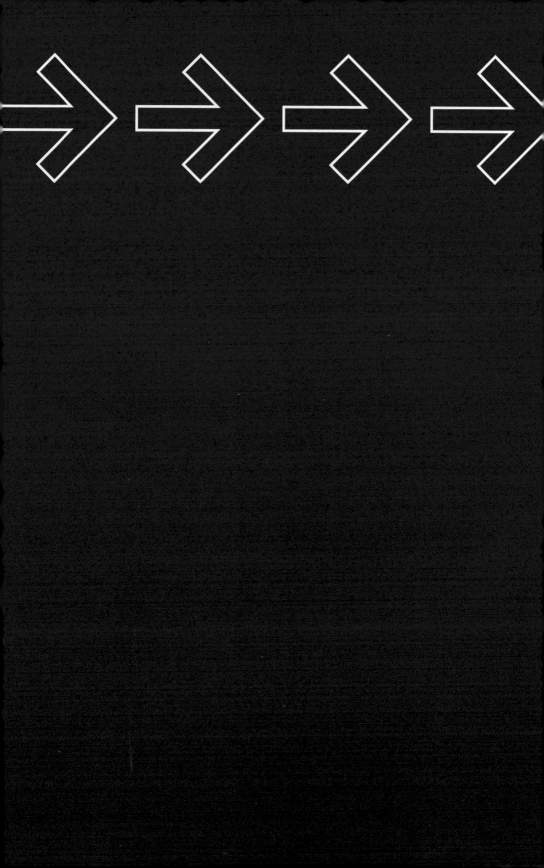

 # APOSTE EM VOCÊ

VENÇA A SÍNDROME DO IMPOSTOR E ACREDITE NO SEU HYPE

Acabei de perceber que sou a única aposta que tenho. Não tenho dinheiro para pagar resgate, nada para falir ou barganhar a não ser minha vida.
DIANE DI PRIMA

Quando eu era pequena, não havia um grande plano para o meu futuro. Meu pai brincava que eu seria comissária de bordo porque tinha dentes alinhados, enquanto minha mãe esperava que eu arrumasse um bom casamento, apesar de isso ser contrário a seus instintos feministas. Não havia aulas de mandarim, aulas preparatórias para exames universitários ou atividades extracurriculares.

Quando finalmente fui para a faculdade, só declarei uma especialização no meu terceiro ano. Pensei em estudar direito, psicologia, estudos feministas e até teologia antes de finalmente escolher um diploma em letras. Eu não sabia disso naquela época, mas eu era uma generalista: alguém interessado em muitas coisas, mas sem nenhuma expertise real em um campo específico.

O risco de ser um generalista é que você está sem foco e atrasado para o jogo. Minha escolha de estudar letras e escrita criativa — com ênfase em escritores como William Burroughs, Jack Kerouac, Nikki Giovanni e Charles Bukowski — não me colocou em um programa de pós-graduação do qual eu emergiria com sólidas opções de carreira. Em vez disso, inadvertidamente, me colocou no caminho não tão maravilhoso de ser uma gerente de RH, descobrindo como usar o Excel do mesmo jeito que o restante da humanidade.

Mas o benefício de ser uma generalista é que tive uma educação enraizada em humanidades, e estudei arte, drama, romance e as dores do coração. Quando caí na área de recursos humanos, já dominava a parte do "humanos". E, em comparação, o direito trabalhista e as metodologias de contratação eram muito mais fáceis de aprender.

David Epstein, autor do best-seller *Por que os generalistas vencem em um mundo de especialistas*, acredita que podemos ajudar nossos filhos a terem sucesso em suas futuras carreiras incentivando-os a buscar uma série de experiências de vida sem a pressão de dominar qualquer tarefa específica. Mostre a eles diferentes mídias, vários gêneros musicais, exponha-os a um amplo leque de expressões artísticas, apresente-os a uma variedade de esportes e incentive diversas amizades. Quanto maior a gama de experiências, melhor seus filhos serão em prosperar na nova economia.

Também não é tarde demais para os adultos. Epstein incentiva os leitores a ampliar seus horizontes e se expor a diversas experiências. Não se limite a escolher apenas uma coisa — como seu trabalho, sua carreira, sua família ou uma paixão. Escolha muitas coisas e você se tornará melhor naquela coisa central que ama.

Quer tenha um conjunto de habilidades especializadas ou generalistas, há uma regra inviolável em RH: você não saberá se uma carreira combina com você até tentar. Muitas pessoas começam com planos para fazer uma coisa, mas acabam em um mundo completamente diferente. Advogado. Contador. Designer industrial. Poucos de nós seguem um caminho em linha reta.

Em vez disso, quando você consegue um emprego, não importa o motivo, o resultado é uma "carreira por acaso".

Você planejava ser ator, mas acabou em vendas de produtos farmacêuticos? Você sonhava com a vida de professor, mas se viu em um emprego corporativo para pagar as contas? Você se formou em jornalismo, mas acabou como treinador de vôlei na ACM?

Bem-vindo ao grupo dos que têm uma carreira por acaso.

Se caiu de paraquedas no seu atual emprego, saiba disso: você não está sozinho. Há uma longa tradição de tropeçar em uma carreira ou indústria. Não há números sólidos sobre a porcentagem da população que tem uma carreira por acaso, mas o mundo precisa de pessoas talentosas que caíram em empregos como flebotomista, atendente de biblioteca e carregador de bagagem. Precisamos de gerentes de contas a pagar, funcionários de depósito e representantes de atendimento ao cliente. Se você for útil, seu trabalho é importante. Todo trabalho é importante e digno quando está enraizado no ato de servir, independentemente de ter planejado ou não sua carreira.

Carreiras por acaso podem ser tão boas ou tão miseráveis quanto qualquer outra. As pessoas adoram um emprego que oferece ótimos salários, benefícios, flexibilidade e a oportunidade de buscar outros interesses. Mas não é nada bom quando o chefe é um idiota e o humor dele é péssimo. E é pior quando o ambiente é tóxico e ninguém se preocupa com o bem-estar do trabalhador. Nesses casos, não importa se alguém tenha planejado seguir essa carreira ou não.

Vou dizer mais uma vez: se você está preso em um trabalho que consome sua alma, não precisa continuar assim. Você é ousado e corajoso? Você assume riscos e expressa suas preocupações? Você levantaria a mão em uma reunião para dizer o que pensa?

Ou sai do trabalho todo dia com sentimentos conflitantes porque não disse as coisas que queria? Você está aguentando as babaquices de colegas porque está esperando seus filhos irem para a faculdade — ou o momento mágico da aposentadoria, seja lá o que isso significa? Você já pensou em seguir um sonho ou correr um risco, mas parou porque acha que vai falhar?

Não há mudança sem perda, não há sonho sem risco. Não perca oportunidades de avançar na vida porque está esperando um sinal para arriscar e apostar em si mesmo.

Este é o seu aviso. A hora é agora.

ARRISQUE, P*RRA

Meu amigo Scott Stratten é palestrante, especialista em marketing e mestre na carreira por acaso. Depois de se formar na Sheridan College, em Ontário, Scott foi trabalhar como generalista de RH na Goodwill em Toronto.

Se você acha que sua carreira é uma droga, Scott gerenciava as relações entre os funcionários dos brechós e uma vez pegou um deles roubando da caixa registradora.

Como Scott disse: "Se você está roubando da Goodwill, vai direto para o inferno".

Ele tentou apresentar queixa contra o trabalhador, mas o sindicato dos empregados abriu um processo por demissão ilegal. Por ser íntegro, Scott estava determinado a levar essa demissão até o fim. No entanto, seu chefe lhe disse para fazer um acordo com o funcionário para deixá-lo ir embora.

Scott ficou furioso e se recusou a fazer isso.

O chefe falou: "Você quer ligar para o presidente da nossa organização sem fins lucrativos e explicar a ele por que tivemos que gastar vinte mil dólares em honorários advocatícios quando você poderia ter gastado cinco mil?".

Scott rebateu: "Isso se chama ter princípios".

O chefe olhou para ele e disse: "Isso não existe".

Nesse momento, Scott soube que aquele emprego não permitiria que ele prosperasse e quase pediu demissão na hora. Mas, em vez de causar um chilique hipócrita, Scott identificou uma meta de carreira e trabalhou de trás para a frente para fazer a engenharia reversa dos riscos e tornar seus sonhos realidade.

Como ele fez isso?

Scott sempre soube que queria ser como seu herói, Les Brown, um palestrante motivacional. Tinha o sonho de viajar pelo mundo, fazer palestras e mudar vidas. Mas você não pode passar de gerente de RH a um motivador do nível de Tony Robbins em um piscar de olhos, e Scott se envolveu em alguns outros negócios para testar a própria coragem como empreendedor.

Pouquíssimas pessoas são bem-sucedidas na primeira vez em qualquer coisa, e com Scott não foi diferente. Depois de alguns anos, ele viu seus negócios em uma maré baixa e, entediado com o ritmo lento, ficou curioso com o mundo ao seu redor.

"Eu pensei: 'O que é esse tal de Twitter? Deixa eu experimentar e ver como funciona'. Em janeiro de 2009, tuitei sete mil vezes em um mês e passei de mil para dez mil seguidores. E, como qualquer coisa nos negócios, isso se deve a sorte, oportunidade e habilidade."

Pedi a Scott que explicasse como a construção de uma presença na internet o ajudou a se aproximar de seu objetivo final: ser um palestrante.

"Ninguém pode causar impacto por você", disse ele. "Uma editora se aproximou de mim e perguntou: 'Por que você ainda não escreveu um livro?', e eu respondi: 'Por que você ainda não me ofereceu um contrato?'. Nós falamos: 'Touché'."

Scott escreveu seu livro, mas descreveu o processo como um descarrilamento de quarenta mil palavras terríveis. Uma seguidora no Twitter chamada Alison ouviu falar do livro, se ofereceu para revisá-lo e, assim, transformou seu manuscrito em sessenta mil palavras bonitas.

Então, ele se casou com ela.

Scott e Alison Stratten são agora coautores de seis livros de negócios, coproprietários da UnMarketing e coapresentadores do *UnPodcast*. Eles somam juntos cinco filhos, dois cachorros e dois gatos. Scott realizou seu sonho de desenvolver uma carreira como a de Les Brown e foi introduzido no Hall da Fama dos Palestrantes da CPAE em 2018.

Mas ele será o primeiro a admitir que seus sonhos não se realizaram da noite para o dia, do mesmo jeito que os seus também não vão.

Claro, você pode não querer largar o emprego e se tornar um palestrante, mas provavelmente sonha em alcançar outros objetivos, como ter mais responsabilidade consigo mesmo e no trabalho.

Não importa o que seja, comece arriscando e apostando em si mesmo.

Você não pode preencher a lacuna entre "quem você é" e "quem você quer ser" se não silenciar, conhecer sua personalidade e suas preferências, e realmente descobrir quem você é por dentro e por fora.

Então, me diga: quem é você? Qual é o seu perfil de risco?

VERDE: você faz movimentos ousados sem piscar porque fez a lição de casa e sabe o que está acontecendo. Não importa o ambiente ou as circunstâncias, você sabe que consegue. Você tem confiança e inteligência emocional para entrar em uma sala cheia de estranhos e fazer acontecer. Se não der certo, você não tem medo do plano B. E, quando nomeia as pessoas que admira, The Rock, Michelle Obama e Matthew McConaughey são seus animais espirituais.

AMARELO: você corre riscos moderados e consegue comandar o palco e lidar com batimentos cardíacos elevados, mas ainda assim permanece humilde. Pensa antes de falar, e tudo bem se seus objetivos demorarem mais para serem alcançados. Você prefere dar pequenos passos para fazer mudanças a explodir as coisas e ter de assumir o controle em meio ao caos. Você combina com celebridades como Stephen Colbert, Tina Fey e

Denzel Washington. (Tenho certeza de que existem algumas estrelas internacionais mais jovens por aí, mas sou da geração X e estadunidense. A única celebridade que importa para mim é Keanu Reeves.)

VERMELHO: você é analítico ao extremo. Nunca se arrisca sem antes examinar os prós e os contras sob todos os ângulos — e talvez nem depois de analisar. Você se arrisca somente depois de pensar muito sobre o que está acontecendo e pode se ver como o Marlin de *Procurando Nemo* e o Sheldon Cooper de *The Big Bang Theory*.

Qual é o seu perfil de risco? Você está na sua melhor fase? Ou está perdido no meio de tudo, atolado na lama e achando impossível avançar em direção aos seus objetivos? Seja qual for o seu perfil de risco, disto eu tenho certeza: é hora de fazer uma aposta em si mesmo.

O PRÉ-MORTEM VAI SALVAR SUA ALMA

Tenho um mentor chamado Chris Ostoich. Ele é cofundador e chefe de inovação da LISNR, uma empresa que cria uma nova maneira de transmitir dados usando som. Chris e sua equipe levantaram milhões de dólares em capital de risco e atendem clientes como Ticketmaster, Jaguar Land Rover, Visa e Lenovo.

Chris está vivendo sua melhor vida de Michelle Obama.

Em 2016, Chris e eu conversamos sobre risco, fracasso e apostas em si mesmo. Ele mencionou o voo do ônibus espacial Challenger. Se você ainda não era nascido, deixe-me dar o contexto. Em janeiro de 1986, sete astronautas morreram quando o ônibus espacial explodiu logo após a decolagem. Uma pessoa a bordo era a primeira professora dos Estados Unidos no espaço, e foi assim que acabei assistindo à tragédia se desenrolar com meus colegas da sexta série na escola católica St. Wenceslaus, no noroeste de Chicago. Colocamos no canal da afiliada local da NBC para testemunhar o marco histórico. Mas, quando o ônibus espacial explodiu, a sala ficou em silêncio. Alguém finalmente falou e disse: "Talvez eles tenham ejetado? Eles estão flutuando no oceano?".

As freiras pediram que começássemos a rezar.

Chris e eu refletimos sobre o horror que foi aquela explosão e conversamos sobre como a NASA reformulou toda a sua abordagem de comunicação pré-voo após o acidente. Acontece que um engenheiro chamado Bob Ebeling[9] previu que o ônibus espacial explodiria. Ele tentou evitar isso, mas seus chefes não o ouviram. Por anos, Bob se culpou. Somente muitos anos depois ele finalmente conseguiu se perdoar pelos erros dos outros no trabalho.

Chris e eu refletimos sobre essa tragédia e nos perguntamos o que seria necessário para as pessoas pararem de cometer erros no trabalho. Algumas equipes fazem "autópsias" após os projetos, mas ninguém é corajoso o suficiente para pensar lá na frente e imaginar como os projetos podem falhar no futuro. As pessoas se comunicam mal, não correm riscos por medo do fracasso e cometem erros cruciais por causa da política organizacional. Ninguém gosta de conflito, o que significa que o melhor puxa-saco é o mais recompensado.

O trabalho melhora quando todos em uma equipe se alinham em torno de um conjunto compartilhado de expectativas, mas permanecem corajosos o suficiente para desafiar o *status quo* quando necessário. O trabalho poderia ser transformado se os líderes tivessem um instrumento que permitisse que as pessoas levantassem a mão — anonimamente ou não — e compartilhassem os problemas antes que os projetos falhem.

Chris perguntou: "Você já ouviu falar do pré-mortem?".

Eu nunca tinha ouvido. E imagino que você também não.

Antes de fazer qualquer coisa — pintar sua cozinha, projetar um site, construir uma ponte, inserir dados em uma planilha —, pare e reflita. Pense em como você pode falhar antes de falhar. Em seguida, trabalhe de trás para a frente criando soluções para essa falha hipotética e aplique esse plano de ação em seu projeto.

Por exemplo, digamos que você vai fazer uma videochamada com seus pais neste fim de semana. Sabemos que isso pode dar errado de várias maneiras. Alguém pode falar sobre política. Sua mãe ou seu pai podem criticar suas escolhas de vida. Você pode acabar bebendo demais do seu lado da tela. Coisas que deveriam permanecer não ditas podem ser ditas, e seus pais podem guardar esse rancor por muito tempo.

Se puder visualizar a falha agora, você poderá vencê-la. Desenvolva um plano e implemente uma estratégia. Esse é o pré-mortem.

Variações do pré-mortem existem desde sempre, mas ele só se tornou popular quando o dr. Gary Klein apresentou a metodologia aos leitores da *Harvard Business Review* no início dos anos 2000. Hoje, ela é usada por várias empresas da Fortune 100, companhias de pequeno e médio porte e consultores em todo o mundo. De acordo com uma pesquisa, suas chances de sucesso aumentam em mais de 30% se você tentar prever o fracasso antes de começar um projeto e mudar seus comportamentos e ações para evitá-lo.[10]

Quando Chris terminou de explicar a lógica por trás do pré-mortem, quase caí para trás.

Se você vem de uma família disfuncional, provavelmente domina a arte de resolver problemas antes de eles acontecerem. Quer chame isso de pré-mortem ou análise do pior cenário possível, a ideia não é nova. Seu padrasto tende a voltar do trabalho de mau humor? O dinheiro fica curto no final do mês? Seus pais discutem depois de uma noite de bebedeira? As crianças aprendem bem rápido a prever o que pode dar errado e mudam seu comportamento para proativamente evitar "disparar" os adultos ao redor?

No trabalho, é bem provável que você tenha aprendido a evitar campos minados semelhantes. Um gerente está intimidando seu subordinado direto? Fique fora do caminho dele. A recepcionista sempre aparece para trabalhar com uma blusa transparente? Não deixe seu olhar baixar além do queixo dela. Precisa participar de um treinamento sobre assédio sexual e atentados terroristas? Fique na sua, não diga nada, e tudo vai terminar rapidamente.

As pessoas usam o pré-mortem todos os dias sem saber, prevendo o que pode dar errado e fazendo planos de contingência.

Perguntei a Chris: "Alguém já transformou isso em aplicativo?".

"Eu não sei", disse ele. "Mas, se isso for possível, você é a mulher certa para o trabalho."

Minha vida mudou naquele instante. Passei de blogueira a empresária da área de tecnologia. Chris e eu fundamos uma empresa chamada GlitchPath, que dizia às pessoas: "Estamos aqui para te ajudar a vencer o fracasso".

Porque é simples assim!

PONTOS CEGOS E FALHAS EXISTEM

Quando alguém lança uma startup, há uma grande pressão para que seja confiante sem ser arrogante. O mercado quer um fundador que ofereça um produto impecável e uma experiência de usuário sólida, enquanto se mantém profissionalmente desapegado o suficiente para receber feedback e críticas ao longo do caminho. E, se você for como eu e prometer ajudar as pessoas a vencerem o fracasso, é melhor não falhar.

Chris contratou dois funcionários para ajudar a lançar o GlitchPath: um designer e um engenheiro full stack. Eles eram colegas de trabalho em Cincinnati que também estavam brincando com uma ideia para vencer o fracasso. Eu era a peça que faltava: uma mulher que sabia criar um plano de negócios e vendê-lo para captar investidores. Encontrei um consultor de tecnologia chamado William Tincup para completar nosso grupo. E assim a equipe do GlitchPath nasceu.

A boa notícia é que não tínhamos jovens millennials estereotipados em nossa equipe — crianças que usam fones de ouvido com cancelamento de ruído, querem um troféu por qualquer coisa e exigem torradas com abacate na cantina —, porque esse estereótipo não existe. Se os jovens da área de tecnologia fossem mesmo crianças malcriadas e mimadas em moletons-canguru, nenhuma empresa daria certo.

A má notícia é que todos na nossa equipe estavam superocupados. Três de nós eram pais, dois eram empreendedores que também cuidavam de suas próprias empresas e nós todos trabalhávamos muitas horas. Sabíamos dos riscos de lançar uma empresa de tecnologia: nove em cada dez startups fracassam, o que se deve em grande parte à comunicação ruim, e as empresas criadas por mulheres enfrentam ainda mais dificuldades no início, recebendo menos financiamento, em média, dos investidores.[11]

Tirando eu, todo mundo tinha outro emprego em tempo integral. Eu era a única com uma carreira portfólio, o que significava que eu fazia malabarismo com vários trabalhos de escrita e marketing enquanto estava na estrada dando palestras na área de RH. Logo de cara o trabalho não estava distribuído igualmente. Fizemos pouco progresso como grupo porque o GlitchPath não era uma prioridade para meus colegas. Na verdade, um dos caras perdeu várias reuniões importantes para praticar softball. Sério.

Ser uma mulher na área de tecnologia é difícil, e eu lutei legitimamente para encontrar minha voz como líder. Quando conduzia reuniões, meu tom ficava em algum lugar entre a mãe e a bruxa. Mas a verdade sobre administrar uma empresa de tecnologia é que a sua voz não importa quando você tem métricas, calendários, olhos e boca para apontar os erros. Nossa equipe perdia prazos, e isso era inaceitável.

O outro problema era que ninguém usava o pré-mortem para avaliar as falhas dentro de nossa própria equipe. Finalmente entendi que deveríamos tomar um gole do nosso próprio remédio e pedi aos meus colegas que fizessem um pré-mortem sobre os desafios ou barreiras do nosso produto.

Perguntei: "Por que não conseguimos lançar nosso próprio site? Por que a interface do nosso produto está toda alterada? Antes de gastar mais tempo e dinheiro em um problema, vamos fazer um pré-mortem e entender por que estamos falhando".

Quanto mais eu pressionava meus colegas, mais eles resistiam. Então, compreendi que a minha equipe adorava o pré-mortem para outras pessoas, mas não para eles mesmos.

Foi um insight importante sobre o nosso produto, mas uma verdade inconveniente para a nossa equipe. Já tendo gastado muitos milhares de dólares em viagens e reuniões sem nenhum progresso real, minha equipe fez uma videochamada para uma discussão importante. Perguntei se estávamos levando a sério o lançamento do GlitchPath no mercado. Eu desafiei a equipe a se comprometer com a finalização do trabalho designado e o cumprimento dos prazos para o lançamento do produto e do site.

Eles não foram capazes de se comprometer, então eu dissolvi a empresa na hora.

Como eu pude matar o GlitchPath em um instante? Fácil. Não tínhamos formalizado a empresa porque um dos meus colegas nunca assinou os documentos do registro. Não ter nenhuma papelada oficial significava que o GlitchPath não era nada além de um experimento mental. E eu não investiria mais nenhum centavo.

Na verdade, não foi bem assim.

Tentei sozinha fazer o GlitchPath dar certo — e gastei meu orçamento restante em consultores, assessores e ajuda terceirizada de design e engenharia —, mas uma empresa de tecnologia só funciona se tiver uma equipe e um cofundador técnicos.

A GlitchPath seguiu o caminho de tantas startups e teve uma morte inglória devida à falta de comprometimento, à falta de coesão da equipe e a meios de comunicação falidos. Em última instância, o pré-mortem não previu nosso fracasso porque não o usamos.

Não vou deixar que você cometa o mesmo erro.

COMO USAR O PRÉ-MORTEM CORRETAMENTE

Você não pode corrigir o trabalho se não tiver metas.

O pré-mortem é uma ferramenta incrível, mas é impossível vencer o fracasso a menos que saiba o que quer da vida. A definição de metas não precisa ser uma tarefa excessivamente árdua ou complexa. Vamos começar com o básico. Pergunte a si mesmo: *o que está faltando no seu dia a dia? O que você quer de um emprego? O que você quer quando ninguém está olhando?*

Faça isso agora mesmo. Anote seus sonhos secretos.

Quando peço a meus clientes que visualizem o futuro e estabeleçam seus objetivos verdadeiros, geralmente recebo muitos nãos. Não, não posso exigir uma promoção no trabalho porque estou muito ocupado com as crianças e não há horas suficientes no dia. Não, não posso largar meu emprego e ser um empreendedor porque vou fracassar e terminar sem ter onde morar. Não, não posso voltar para a escola porque sou ruim em matemática.

Quanta baboseira.

A definição de metas é assustadora porque é difícil ser honesto e pedir o que você quer. É muito mais fácil dar desculpas e falhar antes de começar. A maioria de nós se conta histórias a partir de uma percepção antiquada de si mesmo. Se ainda se vê pelas lentes de seus pais ou de um relacionamento fracassado, é impossível construir metas para um futuro saudável e bem-sucedido.

Não sou um daqueles gerentes de RH que usam siglas estúpidas como OKR e APO — que significam *objetivos e resultados-chave* e *administração por objetivos*, respectivamente —, mas o estabelecimento de metas é a base de uma vida bem-sucedida. Portanto, antes de fazer um pré-mortem, faça uma tentativa e liste o que deseja de um trabalho, o que está faltando em seu ambiente atual e o que você imagina em seus sonhos secretos.

Agora que fez isso, vamos fazer um pré-mortem e descobrir como atingir alguns de nossos objetivos para consertar o trabalho. Pronto?

Primeiro, pegue a lista de sonhos secretos que você acabou de escrever. Desligue o celular, feche os olhos e veja a si mesmo como um indivíduo durão que vai atrás do que quer e não aceita um não como resposta. Programe um timer para dois minutos e imagine que falhou ao tentar realizar seus sonhos secretos. Você arriscou tudo e não deu certo. Foi demitido, humilhado, envergonhado e derrotado. Liste todas as escolhas tolas, ridículas, racionais e irracionais que fizeram você falhar. Quando o timer tocar, pare de escrever e revise a lista.

O que você tem na sua frente é um caminho para o sucesso. Aborde os medos que listou e terá o início de um roteiro para alcançar seus objetivos.

O pré-mortem é um método incrível para ajudá-lo a pensar em qualquer coisa: buscar uma promoção, abrir um negócio, sair de férias com a família ou até mesmo reformar sua casa.

É isso mesmo, você pode usar o pré-mortem para a reforma da casa. Meu marido e eu estávamos pensando em reformar nossa cozinha, mas o pré-mortem rapidamente mostrou que tenho dificuldade em seguir um orçamento. Então, dez anos depois, ainda temos a mesma cozinha. Sempre que queremos uma experiência gastronômica de luxo, vamos a um restaurante chique e não nos preocupamos com nossos armários, bancadas ou eletrodomésticos.

Fazer o pré-mortem é destacar o fracasso e superá-lo. Se deseja manter seu emprego, mas se sente preso ou sobrecarregado, vamos descobrir como seu trabalho falha diariamente, depois virá-lo de ponta-cabeça. Identifique o que está ao seu alcance mudar. Liste os rituais ou hábitos saudáveis que você gostaria de incorporar ao seu estilo de vida. Tente algo novo, por exemplo, cancelar reuniões desnecessárias para se concentrar nas tarefas que importam.

Se você deseja procurar emprego em uma área onde todos se conhecem, mas tem medo de que seu chefe descubra, vamos pensar em um plano para uma procura de emprego confidencial. Não é tão difícil. Milhões de pessoas trocam de emprego todos os dias sem fechar portas nem arruinar relacionamentos com ex-empregadores. Vamos parar de perder tempo e nos concentrar em funções que potencialmente se alinhem com o que você deseja da vida e da sua carreira.

Se tem medo de virar um sem-teto ao seguir seus sonhos empreendedores, vamos testar os limites de como você pode falhar. Você é o tipo de pessoa que seguiria sua paixão e esqueceria de pagar sua hipoteca? Claro que não. Você nunca deixou de pagar nenhuma prestação, então vamos criar um plano que incorpore sua disciplina financeira e, ao mesmo tempo, permita que você sonhe um pouco.

Em todos esses casos, o pré-mortem é uma ferramenta poderosa para fazer uma pausa, refletir e apostar em si mesmo. É um dispositivo fenomenal que lhe dá espaço mental e tempo para correr riscos e melhorar suas chances de sucesso. E é uma das poucas ferramentas de negócios gratuitas.

Você não precisa de um coach, um guru de liderança ou mesmo um autor de livro para ajudá-lo a superar obstáculos e alcançar seus objetivos — e com certeza não precisa de um aplicativo chamado GlitchPath. Tudo o que precisa fazer é abandonar o desamparo aprendido e o pensamento autolimitado que o atrapalharam todos esses anos.

Seja destemido. Seja ousado. Seja corajoso. Mas também seja inteligente e faça o pré-mortem de antemão.

DESTRUA TUDO

Às vezes parece que a única maneira de consertar nossas vidas é destruindo tudo, desconsiderando as pessoas e as oportunidades ao nosso redor para fazer pequenas mudanças positivas e significativas.

Meu amigo Jason Lauritsen é um escritor e consultor que ajuda as empresas a melhorar o moral dos funcionários e as condições de trabalho. A ironia é que Jason não gosta de ser empregado. Toda vez que ele tem um emprego de verdade, com chefe e benefícios corporativos, fica infeliz. Mas Jason é como você e eu — um adulto com obrigações. E algumas vezes em sua vida ele deu um passo atrás e encontrou um "emprego de verdade" para pagar as contas.

Uma vez perguntei a ele: "Por que você acha que o trabalho é tão ruim e por que o odeia?".

"Em primeiro lugar, eu diria que adoro trabalhar", respondeu Jason. "Eu não gosto de trabalhar para outras pessoas."

Isso é justo. Autonomia e autodeterminação são razões comuns pelas quais as pessoas iniciam suas próprias empresas. Jason prefere controlar seu próprio destino. Entendo.

"A maioria das pessoas está, no mínimo, em um casamento sem amor com o trabalho", acrescentou Jason. "Na pior das hipóteses, elas estão em uma situação abusiva e terrível. E o RH não melhora isso. Eles constroem sistemas e programas de recursos humanos para a produtividade, não para a comunidade. Todo mundo está executando a mesma maldita estratégia. Se você toma coragem, larga o emprego e vai para outra empresa, nada muda."

Minha carreira como líder de recursos humanos me diz que Jason está certo. Embora o RH tenha boas intenções, a maioria dos empregos é uma droga e a moça do RH local não pode fazer nada a respeito. O emprego dela provavelmente é uma porcaria também.

Mas você nunca vai estar sozinho se aprender a apreciar os relacionamentos e as oportunidades já presentes na sua vida. Olhe ao seu redor. Talvez as coisas não sejam tão ruins quanto parecem.

Jason disse: "Faça um pouco do que você ama paralelamente. Talvez seja um bico, talvez seja ensinar dança, ou talvez seja coaching ou arbitragem esportiva".

Arbitragem esportiva?

"Sim, tenho um amigo que atua como árbitro em jogos de basquete infantil porque ele adora basquete e quer estar conectado com o esporte. Ele mantém seu emprego em tempo integral, mas as atividades fora do trabalho equilibram as coisas com o emprego."

Se ainda não está convencido e sente que está preso ou paralisado pelo medo, existem opções.

"Correr riscos não significa largar o emprego", continuou Jason. "Existe poder em simplesmente fazer alguma coisa. Se você está preso, escolha qualquer ação e faça alguma coisa. Atualize seu currículo, reserve duas horas para ler ou seja voluntário. O impulso para a frente em qualquer direção ajudará você a se sentir livre. E, uma vez que se solta, as oportunidades aparecem."

Trabalhe em consertar a si mesmo e a sua atitude mental, então consertar o trabalho virá naturalmente em seguida. Aposte em si mesmo como pessoa, indivíduo, pai/mãe, irmão, membro de sua comunidade ou voluntário. Embora seja importante visualizar o estado final da sua carreira, também é importante focar os meios pelos quais você atinge seus objetivos.

É por isso que eu adoro o conselho de Jason de começar pequeno, recalibrar e tentar coisas novas sem perder o salário. Esses esforços vão render dividendos em sua vida — e em sua carreira — no futuro.

Outra maneira de apostar em si mesmo é encontrar um senso de comunidade e extrair força dos números. Minha amiga Amanda Hite é a fundadora da BTC Revolution, uma agência de marketing digital para redes sociais com sede em Washington. Ela é empresária e palestrante talentosa, mas os ex-chefes nem sempre apreciaram seu brilhantismo. No início de sua carreira, um supervisor lhe disse para esconder sua sexualidade se quisesse ser promovida.

"Você pode ter esse emprego desde que não fale com ninguém sobre seu estilo de vida", disse o chefe de Amanda. Viver uma vida autêntica estava fora de questão.

Ninguém culparia Amanda se ela dissesse a seu chefe para pegar a tal promoção e enfiar naquele lugar. Em vez disso, ela manteve o emprego por um tempo, aperfeiçoou suas habilidades de negócios e acabou construindo uma agência de marketing que contrata pessoas com responsabilidade social para gerar mudanças no mundo.

Pedi conselhos a Amanda sobre como apostar em si mesmo enquanto ainda trabalha em um ambiente estressante e tóxico. A resposta dela foi simples: entre na internet e encontre um grupo. As pessoas estão formando comunidades em todos os lugares, portanto encontre as pessoas que podem apoiá-lo e oferecer conselhos durante tempos turbulentos.

"Se você é uma pessoa LGBTQIAP+ religiosa no interior mais conservador do país e sente que ninguém mais é como você, as redes sociais oferecem um lugar para encontrar outras pessoas como você", disse Amanda. "Coisas bonitas podem acontecer na internet. O mesmo se aplica se você tiver uma doença ou deficiência, ou se for marginalizado no trabalho e precisar encontrar um aliado. As redes sociais te dão a chance de se conectar."

Amanda é, claramente, otimista. Eu sou pessimista e acredito que grande parte da internet é uma fossa de estupidez e ódio. Como, eu me perguntei, você encontra essas almas gêmeas que o ajudam a apostar em si mesmo?

Aqui estão algumas maneiras. Pesquise grupos de networking no LinkedIn. Entre em um grupo no Facebook. Procure hashtags relevantes no Twitter. Abra uma conta e fique de olho no Reddit, ou inicie um tópico — também chamado de discussão — e faça uma pergunta. Acesse o Quora e responda à pergunta de alguém. Escreva uma postagem em um site chamado Medium sobre sua experiência no trabalho. Encontre um blogueiro que escreveu algo interessante e deixe um comentário.

Você não é a primeira pessoa a ter problemas no trabalho nem é a última a se perguntar se vale a pena correr riscos. Não destrua tudo num momento de fúria. Chame a atenção na internet, peça ajuda e siga o conselho daqueles que travaram uma batalha semelhante e sobreviveram para contar a história.

E se quiser apostar em si mesmo, mas ainda não puder deixar o emprego? Seja como minha amiga Sarah, que trabalhava com recursos humanos mas tinha paixão por gestão de projetos. Ela se perguntou: como vou atingir esse objetivo? E então ela trabalhou de trás para a frente, identificando possíveis obstáculos ao avanço na carreira antes de buscar sua certificação PMP (Project Management Professional) pelo PMI (Project Management Institute). Hoje, Sarah é chefe de gabinete do CEO e da equipe de liderança executiva de sua empresa.

Ou siga o exemplo de James, um químico que trabalha para uma agência que monitora a poluição do ar. Ele atingiu o teto de sua faixa salarial e o departamento de RH se recusou a lhe dar quaisquer aumentos ou promoções adicionais. James entrou em contato comigo e fizemos um pré-mortem para determinar se ele deveria largar o emprego e apostar em si mesmo.

Mas James gostava de onde trabalhava e de seus colegas. Ele só estava entediado e com a carreira limitada. Então, fizemos contato com um ex-professor dele e perguntamos como se tornar um professor adjunto na faculdade onde se formou. Agora, James trabalha durante o dia na agência de poluição do ar, mas passa as noites ensinando a próxima geração de trabalhadores STEM (sigla que, no inglês, é formada pelas iniciais das palavras ciência, tecnologia, engenharia e matemática). Sua vida é muito mais plena.

Finalmente, uma vez trabalhei com um engenheiro mecânico chamado Matt que sempre quis ser DJ. Não um DJ numa estação de rádio, mas um DJ puts-puts-puts em uma balada.

Que profissional de nível médio em sã consciência deixaria um emprego com benefícios para ser DJ? Ninguém, e é por isso que Matt e eu trabalhamos em dois planos: ser promovido de gerente a diretor de engenharia, que paga mais e o mantém no caminho da poupança e da aposentadoria, e ao mesmo tempo fazer contato com DJs no LinkedIn para pedir conselhos sobre essa carreira. (Sim, LinkedIn!)

Matt ainda não é um DJ de balada em tempo integral — principalmente porque é um cara de meia-idade com família e contas a pagar —, mas foi promovido a diretor de engenharia onde trabalha. Em seu tempo livre, Matt também tem um novo grupo de amigos DJs — pessoas que amam música e têm hobbies e interesses fora do trabalho — e se diverte mais em sua vida, em grande parte graças ao LinkedIn. Isso é *realmente* algo que eu nunca pensei que escreveria!

Assumir o controle de sua carreira, apostar em si mesmo e se colocar em primeiro lugar podem ser declarações muito inócuas — o material bonitinho dos livros de autoajuda e seminários motivacionais. Mas, se tem sonhos específicos, e sabe quem você é e que tipo de risco está disposto a tolerar, essas declarações fornecem excelentes conselhos. Você não precisa largar o emprego para encontrar a felicidade, nem precisa ficar paralisado pelo medo no trabalho.

Faça o pré-mortem, visualize o que deseja, comece pequeno e saia para o mundo real para conversar com pessoas que estão vivendo a vida que você gostaria de ter. Se está esperando que algum idiota no trabalho te dê permissão para perseguir seus sonhos, você sempre ficará decepcionado. A única pessoa que vai assumir um risco total e apostar no seu sucesso neste mundo louco do trabalho é você. E você merece florescer.

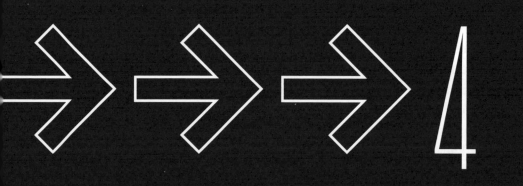

CONSERTE SUAS FINANÇAS

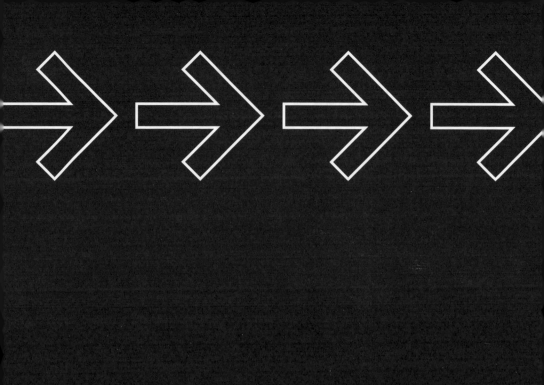

VOCÊ NÃO PODE DEIXAR SEU EMPREGO SE ESTIVER FALIDO

As pessoas pagam para ver outras acreditando em si mesmas.
KIM GORDON

Você já olhou para o seu pagamento e pensou: por que não sou rico? Você trabalha duro e segue as regras. Sempre que surge a oportunidade, você tenta ser um bom líder, colega e mentor. Quando chega a hora da avaliação anual, suas contribuições são reconhecidas e você recebe feedback construtivo. Então, por que você se sente inseguro em relação ao dinheiro?

A razão é simples: seu trabalho não foi projetado para torná-lo rico. Os programas corporativos de remuneração existem para pagar o menor salário que você aceitará com a promessa de que, se trabalhar duro, poderá ganhar mais. Mas o desempenho no trabalho não é sinônimo de segurança financeira. Nunca. Na verdade, o mais comum é trabalhar duro e acabar com um aumento anual de mérito de 3,2% como recompensa pelo seu esforço. Empreiteiros e consultores também quase nunca ganham mais.

A dura verdade é que seu trabalho existe para tornar *outras* pessoas ricas. Você é simplesmente o mecanismo, não o beneficiário de todo esse trabalho duro. E também não é rico porque as pessoas ricas ficam com a maior parte do dinheiro. A desigualdade salarial é um problema generalizado que afeta mulheres, pessoas negras, membros da comunidade LGBTQIAP+, veteranos e pessoas com deficiência. Mas também afeta seu primo que votou no Trump. Ele tem algum privilégio, mas a esposa e as filhas são mal remuneradas pelo trabalho delas. A família dele também está sendo roubada.

Sou mesquinha, e uma das coisas que mais gosto de fazer é culpar as pessoas por problemas que não consigo resolver facilmente. Sempre podemos apontar o dedo para CEOs e líderes executivos. O salário deles nos Estados Unidos aumentou 940% desde a década de 1970.[12] Universidades e fundações gastaram milhões de dólares tentando resolver a diferença salarial entre trabalhadores e executivos, mas costumam ignorar uma verdade fundamental: os executivos acham que merecem isso. Eles conduzem suas vidas como um negócio e *sempre* se colocam em primeiro lugar.

Passei toda a minha carreira cercada de homens e mulheres que se sentem no direito de ganhar trezentas vezes mais do que o trabalhador médio. Eles recebem ofertas de emprego e pedem mais, recebem bônus e se perguntam por que não são mais altos, recebem opções de ações e depois perguntam por que o pacote não é mais lucrativo. Eles não têm vergonha de ordenhar até a última gota da vaca corporativa e aceitarão de bom grado um pacote de compensação extravagante enquanto ensinam o trabalhador médio sobre frugalidade.

Certa vez, no início da minha carreira, em um jantar da empresa, bebi demais e reclamei com um colega sobre meu salário aparentemente baixo. Ninguém gosta de gente chorona, mas eu gastava metade do meu salário no simples ato de viver: assistência médica, financiamento estudantil, moradia, alimentação, transporte e comprando roupas feias para usar no escritório. Eu estava trabalhando para cobrir os custos do trabalho.

Infelizmente, eu estava reclamando com o diretor de operações, que riu e disse: "Você só precisa aprender a fazer um orçamento".

Muito antes de os baby boomers ensinarem os millennials a evitar a torrada com abacate, eles estavam ensinando a geração X sobre o imperativo moral de fazer mais com menos.

Aquele COO achava que minha vida seria diferente se meus pais tivessem me ensinado a controlar meu dinheiro. Ele me disse que minha geração precisava parar de gastar dinheiro com celulares e entretenimento. Eu teria mais dinheiro sobrando no final do mês se controlasse meus gastos como a adulta que deveria ser.

Eu quase o esganei.

Esse cara ganhava mais de um milhão de dólares por ano como salário-base. Além disso, ele se qualificava para bônus, prêmios de ações restritas e um plano de incentivo de longo prazo, o que aproximava sua remuneração total de 2 milhões.

Ele também tinha outras regalias.

Quando esse COO não quis se mudar para a cidade onde ficava nossa sede, a empresa subsidiou suas viagens e moradia secundária. Deram a ele um cartão de crédito corporativo, um carro da empresa, um concierge de saúde, retiros para executivos em belos locais onde sua família poderia se juntar a ele e ajuda fiscal paga pela empresa porque seu salário não era apenas um salário — alguns de seus ganhos eram ganhos de capital — e, portanto, sua vida financeira era complicada.

Esse velho não gastava um centavo com lavanderia, gasolina para o carro ou comida quando viajava a negócios, mas se sentia compelido a me dar um sermão sobre como fazer um orçamento.

Às vezes os ricos não conseguem se conter. Eles adoram dar sermões para os pobres e para a classe média sobre a moralidade do dinheiro, apesar de seus conhecidos incentivos fiscais e salários vergonhosos.

Esse é um exemplo da hipocrisia que me tirou do RH e me levou a ser consultora autônoma em 2008. Fiquei tão desiludida com meu tempo na América corporativa que jurei trabalhar apenas com empresas e líderes socialmente responsáveis que se importassem com funcionários, comunidades e o planeta. A lista de clientes em potencial era pequena, e não tive renda nos primeiros seis meses.

Agora, para ser justa, a maioria das empresas não obtém lucro no primeiro ano — ou nunca. Além disso, abrir uma pequena empresa é muito mais caro do que eu imaginava. Eu não sabia quanto alocar para taxas de incorporação, cartões de visita, hospedagem do site, toner, minha cadeira de escritório usada ou o combustível necessário para dirigir até a FedEx e enviar contratos por fax aos clientes.

Quem usa uma maldita máquina de fax neste século? Vou te dizer quem: as grandes corporações e universidades que você conhece pelo nome. Deus me livre de investir em tecnologia. Eles preferem manter um aparelho de fax — e mais de seus lucros — a investir na melhoria de sua infraestrutura e facilitar a vida de funcionários e fornecedores.

Cada dia em meu novo negócio era uma jornada única pelos custos subestimados do empreendedorismo. Aprendi que custa 6 dólares por mês para ter uma conta de e-mail com o nome da sua marca, 59 dólares por ano para ter acesso a uma videoconferência confiável, 43 dólares para comprar um gerenciador de senhas para não ser hackeado e 300 dólares por ano para um software de contabilidade me dizer que eu não sou rica. Todas essas despesas eram necessárias, e eu preenchi a lacuna com meu cartão de crédito American Express Platinum com juros de 29,9% que eu planejava pagar todos os meses.

Mesmo que você tenha muitos clientes, a receita não aparece na sua conta corrente empresarial do Bank of America no primeiro dia. Aprendi rapidamente que corporações ricas não gostam de se separar do seu dinheiro — mesmo quando devem a você. Você tem de ir atrás delas. E, cara, eu fiz isso.

Passei seis meses ou mais atrás de cheques de empresas onde os CEOs ganham mil vezes mais que seus funcionários, aprendendo que os departamentos de contas a pagar estão cheios de pessoas que não sabem nada sobre a economia gig nem dão a mínima se te pagam ou não.

Você acha que o CEO deles espera seis meses pelo dinheiro? Nem a pau.

Nem todas as pequenas empresas têm a minha falta de sorte com o fluxo de caixa, mas muitas têm. Então, depois de meses tentando resolver esse problema sozinha, pedi ajuda à pessoa mais bem-sucedida que conheço. Seu nome é Don MacPherson, ele foi o cofundador de uma empresa de tecnologia chamada Modern Survey e é o atual apresentador do podcast *12 Geniuses*. Don e seus sócios venderam sua empresa com sede em Minneapolis para a Aon em 2016 por uma "quantia não revelada". A propósito, essa é uma maneira elegante de dizer que ele é rico, embora eu ache que ele prefere a palavra *confortável*. (Quando alguém diz que está confortável, é porque é rico.)

Don entendia minha situação financeira. Ele cresceu em uma comunidade de mineração no norte de Minnesota atormentada pela insegurança econômica e pelo desemprego. Lá, analfabetismo financeiro e gastos imprudentes eram o padrão de vida.

No Ensino Médio, Don viu um comercial aleatório de uma empresa de serviços financeiros. O ator disse que, se você economizar 300 dólares por mês dos 22 aos 30 anos, é como economizar 300 dólares por mês dos 30 até se aposentar aos 65.

Se você é ruim em matemática como eu, o que está sendo dito é: comece cedo.

O comercial impressionou Don. Seu primeiro emprego após a faculdade foi no suporte ao cliente da American Express, onde ganhava 17 mil dólares por ano. E ele começou a economizar 300 dólares por mês.

Gosto de dizer a mim mesma que não consegui consertar minhas finanças aos vinte anos e pensar na aposentadoria por causa do financiamento estudantil do Sallie Mae. Don também tinha financiamento estudantil, mas cumpriu seus compromissos financeiros e metas de economia deixando de comprar um carro novo, vestindo roupas modestas e morando em um apartamento pequeno. Depois de 24 meses, Don economizou o suficiente para largar o primeiro emprego e comprar uma passagem só de ida para a Alemanha, onde jogou basquete profissional por um ano, enquanto trabalhava meio período em um depósito e continuava economizando.

Quando Don voltou para os Estados Unidos, ele manteve seu estilo de vida frugal e suas metas de economia. Ele começou a Modern Survey com amigos e ex-colegas da American Express. E o negócio sobreviveu à Grande Recessão sem demissões porque tinha dinheiro no banco para investir em tempos difíceis.

Talvez Don tenha nascido com um gene da economia, mas ele desenvolveu sua personalidade financeira conservadora adiando a gratificação e ficando de olho no prêmio: a autonomia.

Quando perguntei a Don como sair do buraco e reconstruir meu negócio, ele deu este conselho de vida:

"Você precisa pagar a si mesma primeiro".

Eu não tinha certeza do que ele queria dizer, porque parecia que eu estava me pagando com roupas bonitas de oradora, um carro novo na garagem e um monte de dívidas no meu American Express.

Don foi além e explicou: "Você só pode fazer o seu melhor trabalho se der a si mesma segurança e liberdade para fazer boas escolhas. A dívida te escraviza. Quando você está financeiramente seguro e livre, nunca precisa se comprometer ou trabalhar com clientes que não ame. *Isso* é liberdade".

Parece ótimo, eu sei. Mas pagar a si mesmo primeiro quando você está sem dinheiro é um desafio. O norte-americano médio tem cerca de 38 mil dólares em dívidas pessoais, sem incluir a hipoteca de uma casa, e mais de 40 milhões de adultos nos EUA estão pagando o financiamento estudantil, chegando a quase 2 trilhões em dívidas desse tipo.[13] É difícil tomar decisões financeiras sobre o futuro quando o grosso do seu salário é dedicado ao passado. Mas eu segui o conselho dele e, por tentativa e erro, aprendi a me pagar primeiro.

Inicialmente, encontrei um consultor financeiro local com experiência em pequenas empresas. Mudamos minhas demonstrações financeiras do Excel e de uma caixa de sapatos para o QuickBooks e paramos de administrar minha empresa como se fosse uma pizzaria familiar. Em seguida, marcamos reuniões mensais para revisar meus gastos.

Os dias seguindo os meus gostos de Fortune 500 com um orçamento de Ruettimann terminaram. Já se foram as noites no Peninsula Hotel ou no JW Marriott e uma equipe de beleza para me ajudar a ficar incrível antes das palestras. Em vez de dormir no luxo, eu reservava hotéis econômicos e fazia uma escova no Drybar na noite anterior, depois não lavava o cabelo por cinco dias. Com um pouco de batom da Walgreens, eu parecia quase a mesma no palco.

Também fiz um empréstimo com juros baixos para pagar minha dívida do cartão de crédito empresarial. Um ano depois, mantendo o controle dos pagamentos, paguei tudo, reconfigurei meu negócio e agendei mais trabalho *pro bono*.

Quando minhas finanças estavam quase consertadas, senti que meu negócio ganhou velocidade. Em vez de pagar juros compostos a um banco sem rosto administrado por executivos que não me conhecem, paguei a mim mesma primeiro construindo uma reserva para tempos mais difíceis. Sim, senti falta daquelas noites em hotéis lindos, mas não senti falta do estresse de pagamentos intermináveis de cartão de crédito e altas taxas de juros. Com um pouco de espaço para respirar, eu pude consultar e aconselhar as organizações sobre como consertar o trabalho sem me sentir secretamente uma impostora.

Você não pode consertar o trabalho — e ter opções razoáveis para sua carreira — a menos que resolva sua situação financeira primeiro. Não sou uma daquelas líderes que querem envergonhar você por se sentir falido. Não quero que você passe fome, sofra ou tenha um estilo de vida austero. Mas pagar suas dívidas e economizar para a aposentadoria, mesmo que lenta e gradualmente, é um investimento que vale mais do que você pode calcular.

NÃO SE SEGURE, SEU BOBO: PEÇA MAIS

O que mais gosto em ser palestrante profissional é conversar com mulheres e grupos de recursos para funcionários sobre questões de justiça social. Acho incrivelmente gratificante desmascarar os mitos de RH e oferecer conselhos de carreira para comunidades historicamente marginalizadas. Mas, por infelicidade, a maior parte desses grupos quer que eu trabalhe de graça.

"Você pode vir a Roma e conversar com mil mulheres sobre como ter sucesso no mundo dos negócios?"

"Você pode voar para Houston e falar com LGBTQIAP+ recém-formados sobre como eles devem navegar pelo processo de entrevista corporativa?"

Claro, eu adoraria, mas não é fácil viajar o mundo todo e manter meu orçamento.

Quando esses pedidos começaram a chegar, eu não tinha certeza de como lidar com eles. Perguntei a uma amiga que fazia muito trabalho *pro bono* e ela disse: "Peça mais".

O dinheiro não é a única forma de remuneração. Se você não pode ser pago em dinheiro, tente ser pago em oportunidades que expandam sua reputação. Desenvolva um relacionamento significativo com alguém poderoso. Seja pago em folgas remuneradas discricionárias, flexibilidade no local de trabalho ou uma chance de promoção. Esses são apenas alguns exemplos de maneiras de ganhar "mais".

No meu caso, se um organizador de eventos não puder cobrir meu cachê de palestrante, eu olho para a minha poupança e determino se a oportunidade vale meu investimento. Então pergunto se há orçamento para outras despesas: passagem aérea, hotel, alimentação ou serviço de transporte até o aeroporto. Vejo se é possível encontrar os patrocinadores do evento e perguntar se eles podem anunciar no meu podcast. Negocio uma gravação de vídeo de alta qualidade da minha sessão. Às vezes consigo ingressos grátis e levo amigos.

Meu conselho é simples: não seja um idiota. Peça mais. A pior coisa que pode acontecer é eles dizerem não. E, embora seja estranho ser rejeitado, é pior perder mais dinheiro, oportunidades e acesso.

Lembre-se: os executivos pedem mais o tempo todo. Salário. Opções de ações. Bônus. Folgas remuneradas extras. Horas pessoais adicionais no jato da empresa. Uma babá que viaja com você e seu bebê se os negócios te levarem para longe de casa. Quando você trabalha com recursos humanos, vê em primeira mão como os líderes se comportam em negociações salariais — com senso de merecimento. E, se não reunir coragem para pedir como eles, você nunca receberá o que eles recebem.

O problema de pedir mais é que a maioria das pessoas faz isso *na hora errada*.

Por exemplo, digamos que você acabou de ler um artigo sobre como pedir um aumento. O conselho foi sólido e você elaborou um case de negócios para delinear a maneira como ajudou sua empresa a ganhar mais dinheiro. Em seu pitch deck, você criou uma narrativa convincente que vincula suas ações específicas a aumento de receita e maior visibilidade organizacional no mercado. Você é um astro do rock, e é hora de seu chefe lhe mostrar o dinheiro.

Esse é um pedido corajoso, e estou muito orgulhosa de você. Pena que o momento provavelmente está errado.

A maioria das empresas oferece aumentos e promoções em épocas específicas do ano. Você passa por uma avaliação no final do ano e os aumentos chegam em janeiro. Fala com seu chefe em maio e as promoções e os aumentos do meio do ano acontecem em julho ou agosto. Mesmo quando você é corajoso e finalmente pede, sua solicitação fora do ciclo não vai a lugar nenhum. Então, primeiro passo, vamos consertar suas finanças e conseguir aquele aumento pedindo *na hora certa*.

Aqui está uma visão geral de como funciona a remuneração corporativa. Há uma época para tudo. Se sua empresa for de capital aberto, as épocas provavelmente são claras e bem conhecidas. Elas podem ser publicadas na intranet da empresa ou encontradas no manual do funcionário. Se os ciclos de remuneração não estiverem claros, você tem um departamento de RH. Vá falar com eles. Se você trabalha para uma empresa de capital fechado — ou uma organização de pequeno ou médio porte —, talvez seja necessário perguntar por aí ou fazer amizade com o profissional administrativo mais antigo para obter informações privilegiadas. De qualquer forma, é crucial definir um ciclo de compensação, porque pode ser necessário um ato de Deus para conseguir uma promoção e um aumento regulares, que dirá um aumento por mérito fora do ciclo.

Quando finalmente encontrar alguém com informações sobre como as pessoas recebem aumentos, esteja pronto para fazer perguntas. Descubra quando você deve abordar seu chefe para obter mais dinheiro ou um cargo melhor. Descubra que linguagem e opções de palavras você deve usar. Pergunte sobre a melhor evidência de apoio para coletar e apresentar. E pergunte a si mesmo: "De que maneira isso pode dar errado?".

Quando eu trabalhava no RH, as pessoas apareciam em meu escritório do nada e pediam aumentos em uma tarde de terça-feira no meio do verão às 16h59 — exatamente quando estou pensando em meu longo trajeto para casa. Quem acha que essa é uma estratégia vencedora para desbloquear quinze mil dólares em aumento?

Não sou cruel, e eu adorava ouvir os trabalhadores defenderem um aumento. É inspirador quando alguém é claro, conciso e confiante o suficiente para articular seu raciocínio, explicar o case de negócios para a mudança e aguardar minha resposta. Mas não me canso de repetir: você precisa pensar como um CEO e apresentar um argumento inteligente e oportuno.

Quando você pede um aumento do nada, isso é chamado de *promoção fora do ciclo* ou *aumento por mérito único*. E eles raramente são aprovados sem ameaça de ação legal. Como, então, você pode perguntar, argumentar por mais se a temporada de aumentos e promoções ainda está a seis meses ou mais de distância?

Você não argumenta. Você espera.

Se tem uma oferta lucrativa e deseja aproveitá-la para obter mais dinheiro e um cargo melhor, é melhor partir para esse novo emprego. Claro, você pode extorquir seu empregador para receber um pouco mais. Você pode até conseguir um novo cargo chique. Mas os relacionamentos são a moeda dos negócios, e as pessoas se lembram de como você as fez sentir. Se foi descarado o suficiente para testar as águas e conseguir outra oferta de emprego que pareça melhor no papel do que o trabalho que você tem, pense duas vezes antes de jogar essa nova informação na cara do seu chefe.

E, embora eu não tenha nenhum dado para embasar isso, descobri que as pessoas que usam uma oferta concorrente de outra empresa para ganhar mais dinheiro em seu trabalho atual acabam saindo em seis meses de qualquer maneira.

Mas isso não significa que você deva desistir de pedir mais. Depois de conhecer o ciclo de remuneração da sua empresa, crie um case de negócios para a mudança, coletando lentamente grandes e pequenos momentos de reconhecimento e armazenando-os em um *brag book*.

A história do brag book é antiga. Vem dos dias anteriores à internet, no final dos anos 1980 e início dos anos 1990, quando coaches de carreira inteligentes e talentosos como Peggy Klaus[14] aconselhavam os candidatos a manter um álbum de recortes com cartas de reconhecimento, notas de agradecimento e elogios de supervisores e colegas.

O brag book não serve apenas para buscas de emprego. É um instrumento para ajudar você a conseguir um aumento ou uma promoção. Se você quer algo nesse mundo, as pessoas precisam se importar com a sua história. Seu brag book serve como um lembrete de seu trabalho árduo, seu compromisso com a organização e as várias maneiras como ajudou a empresa a atingir seus objetivos.

Entre no Dropbox ou no Google Drive e crie uma pasta virtual para manter mensagens de texto positivas e afirmativas, capturas de tela de postagens de mídia social e até notificações do Slack de chefes, consumidores, clientes e colegas de trabalho. Transforme todos os seus e-mails valiosos em PDFs e salve-os. Se alguém disser algo positivo sobre você, basta salvar no brag book.

Por quê?

A curadoria de momentos de reconhecimento em um brag book torna-se útil durante o ciclo de remuneração da sua empresa. Esses momentos podem reforçar o argumento por uma promoção ou aumento por mérito. E, na pior das hipóteses, simplesmente faz você se sentir bem quando as probabilidades estão contra você. De qualquer forma, coletar suas realizações te ajudará a se lembrar do seu valor, o que lhe dá uma vantagem emocional e psicológica durante o processo de negociação e o ajudará a pedir mais. E você merece.

QUANDO O DINHEIRO ACABA

Algumas pessoas gastam todo o seu dinheiro e acabam ficando por um fio.

Meu pai esteve nessa categoria durante a maior parte de sua vida. Desde que me lembro, ele tinha problemas financeiros que atrapalhavam os relacionamentos e o impediam de arriscar e apostar em si mesmo.

Não começou tão mal. Meu pai era um hippie e amante da música no início dos anos 1970 que encontrou um emprego na companhia telefônica e o manteve por mais de 25 anos. Foi uma bênção para um jovem com diploma de Ensino Médio sem nenhum interesse real na América corporativa. Ele podia ir para a empresa, fazer seu trabalho e voltar para casa sem muito drama.

Meu pai queria outra coisa para a vida dele — algo maior, mais audacioso —, mas não conseguia articular o que era e, portanto, estava sempre fora de alcance. À medida que ele envelheceu, a companhia telefônica se tornou uma prisão mental em vez de uma fonte de financiamento para seus sonhos. Ele culpava os chefes por sua infelicidade e bebia uísque escocês J&B para tornar os dias mais toleráveis.

Meu pai também gastou muito dinheiro para se sentir melhor. Algumas crianças crescem ouvindo Baby Einstein e Barney. Cresci ouvindo vinil. Meu pai tinha uma excelente coleção de discos que incluía The Who, Pink Floyd e Blue Öyster Cult. Minha lembrança mais antiga é de folhear álbuns que incluíam gravações originais de Jethro Tull, King Crimson e *Chipmunk Punk* — um álbum em que os esquilos cantavam versões de canções como "Call Me", do Blondie, "My Sharona", do Knack, e "Crazy Little Thing Called Love", do Queen. (Não é punk de verdade, mas nada mal para o primeiro contato de uma garotinha com o rock.)

Você pode não falir comprando discos, mas não vai ficar rico gastando todo o seu dinheiro em compras impulsivas. Meu pai adorava ir ao cinema, comprar para os filhos os brinquedos mais modernos, nos levar a parques de diversões e comprar raspadinhas da loteria para que meu irmão e eu pudéssemos participar da diversão de ganhar alguns trocados.

Certa vez, meu pai ganhou 85 dólares em um bilhete de loteria e me disse que era "dinheiro achado". "O que", ele perguntou, "devemos fazer com isso? Fazer um bom jantar? Ir às compras no shopping? Dirigir para o norte até um parque de diversões chamado Great America e andar nas montanhas-russas?"

É uma doce lembrança. Dinheiro achado é dinheiro divertido. Mas quando olho para trás, para aquela época, lembro que estávamos alugando uma máquina de lavar e recebendo ligações de agências de cobrança sobre contas de cartão de crédito atrasadas. Meu pai gastou o dinheiro da loteria em um CD player de três discos que conectou ao seu aparelho de som, embora eu não me lembre de ter nenhum CD. Então, tenho certeza de que compramos alguns também.

Houve dois momentos na vida de meu pai em que seu mundo financeiro desabou completamente. O primeiro aconteceu quando meus pais se separaram, em 1982. Não há vantagem em se divorciar, e minha mãe ficou com o carro da família, deixando meu pai com uma hipoteca e um monte de dívidas de cartão de crédito. Ele pediu ajuda aos pais, mas meus avós não eram ricos e não puderam salvá-lo totalmente. Meu pai entrou com um pedido de falência, o que afetou sua autoestima e seu senso de valor próprio por décadas.

Mais tarde na vida, a indústria de telecomunicações implodiu e meu pai aceitou um pacote de indenização disfarçado de aposentadoria precoce. O trabalho nunca o deixou rico, mas o sonho de uma bolada em dinheiro se tornou um pesadelo quando meu pai se mudou de Chicago para o sul da Califórnia sem emprego para reiniciar sua vida. Ele comprou um apartamento que não podia pagar graças ao financiamento fácil pouco antes da Grande Recessão e rapidamente atrasou os pagamentos da hipoteca quando seus fundos de aposentadoria acabaram.

Mas isso não quer dizer que ele não tentou trabalhar.

Meu pai participou de um programa de recolocação após sair da companhia telefônica, que ajuda funcionários demitidos a encontrar um novo emprego. Embora se recusasse a voltar à escola para fazer um novo treinamento, ele trabalhou com um consultor e se candidatou a quase todos os cargos existentes — qualificados ou não. E manteve uma planilha de ganhos e perdas para provar que estava fazendo um esforço de boa-fé para encontrar trabalho.

Minha família fez o que pôde. Demos dinheiro a ele, levamos comida e imploramos que parasse de beber. Meus amigos na indústria de recrutamento o chamaram para processos seletivos e o colocaram em seus bancos de dados, mas me avisaram de que meu pai parecia impossível de se empregar. Ele não tinha as habilidades práticas para encontrar um emprego corporativo depois de ficar tanto tempo fora do mercado de trabalho.

Eu estava em uma viagem de negócios para a cidade de Nova York e prestes a jantar com um colega quando soube que meu pai era um sem-teto e estava morando em seu carro. Do lado de fora do W Hotel no coração de Manhattan, pesquisei o Motel 6 no meu BlackBerry e reservei um quarto para ele por um mês. Então me ofereci para pagar pela reabilitação, que ele recusou, mas pelo menos estava seguro.

Depois disso, minha avó faleceu e deixou algum dinheiro para meu pai. Ele encontrou um apartamento barato e passava seu tempo livre na biblioteca pública navegando pela internet.

Ele clicava em links, lia blogs, e acabou se retraindo ainda mais. Mas, enquanto passava seus dias na internet sem fazer nada, eu diria que ele *estava* trabalhando.

Como?

Quando meu pai visitava sites de empregos e tinha sua atividade on-line monitorada, os donos dos sites ganhavam dinheiro. Quando ele passava um tempo no Facebook olhando fotos antigas, com saudade dos dias em que a vida era mais fácil, as empresas de tecnologia ganhavam dinheiro. Quando ele procurava empregos temporários que pagassem rapidamente em dinheiro em sites que mostravam anúncios de empréstimo consignado, as agências de publicidade ganhavam dinheiro.

Só o meu pai não colheu nenhuma das recompensas financeiras.

Meu pai estava trabalhando inadvertidamente em uma nova economia em que dados e atenção são moeda corrente, mas ele vivia no velho mundo, onde você precisa de um holerite tradicional para sobreviver.

Andrew Yang é um ex-empresário e um democrata que se candidatou à presidência em 2020. Ele se sentou comigo em outubro de 2018 e explicou como as empresas de tecnologia coletam dados e lucram com monitoramento e vigilância on-line, sem nenhum benefício para os usuários.[15] É por isso que acredito que devemos pagar a pessoas como meu pai um salário mensal — uma renda básica ou uma parcela dos dividendos por sua atenção, seu tempo e seu trabalho emocional em nome de marcas e empresas de tecnologia. Em vez disso, nós os criticamos por serem viciados em tecnologia enquanto construímos dispositivos e desenvolvemos algoritmos para fisgá-los ainda mais.

Mas um argumento esotérico sobre o futuro do trabalho não foi útil para meu pai. À medida que os dias se transformavam em semanas e as semanas se transformavam em meses, meu pai ficou sem opções. Ele nunca economizou de verdade para o futuro porque, como ex-funcionário da companhia telefônica, nunca se imaginou tendo um. Por fim, meu pai abandonou a economia tradicional e nunca mais trabalhou.

Muitas pessoas olhariam para o meu pai como um exemplo de por que sua falência original em 1982 foi vergonhosa e um desperdício. Aqui está um homem saudável com um emprego decente, que sempre teve dificuldade para economizar mais do que gastava e nunca aprendeu com seus erros. Mais tarde na vida, ele não foi sobrecarregado com despesas médicas de emergência e teve várias oportunidades de tomar melhores decisões com seu dinheiro. Ele deveria ter encontrado um emprego antes de se mudar para a Califórnia. E, quando tudo mais falhou, ele deveria ter se esforçado mais para encontrar um trabalho temporário antes de desistir.

Meu pai é um exemplo vivo de por que a falência é algo errado.

É difícil argumentar com essa lógica. Exceto que me pergunto quem lhe deu acesso ao crédito em primeiro lugar. Quem vendeu para ele um apartamento que não podia pagar? Quem emprestou dinheiro para ele a uma taxa de juros de 52% para dar entrada em um carro sabendo muito bem que não poderia pagá-lo? Eles não são parcialmente responsáveis por essa bagunça?

Agora que a presidência de Donald J. Trump faz parte da história dos EUA, devemos olhar para a falência de maneira diferente. Empresas globais de serviços financeiros concederam empréstimos a juros baixos a Donald Trump para financiar empreendimentos imobiliários e despesas diversas. Sua empresa, a Trump Organization, entrou com um pedido de falência do Capítulo 11, conhecido como recuperação judicial, quatro vezes. Outras pessoas foram atingidas — bancos, empreiteiros, fornecedores —, mas Trump nunca viu um impacto negativo na qualidade de sua vida.[16]

Existem diferenças substanciais entre Trump e meu pai. Meu pai nasceu em uma família da classe trabalhadora e teve períodos de azar. Não havia ninguém para resgatá-lo nem bancos globais para assinar um grande cheque. Quando ele atingiu o fundo do poço, não houve ajuda, exceto de membros da família na forma de moradia temporária e empréstimos para ajudá-lo. A falência era praticamente a única ferramenta disponível que oferecia um novo começo. Mas mesmo isso foi uma solução imperfeita, porque ele nunca fez o trabalho de longo prazo de colocar seu bem-estar emocional em primeiro lugar, assumir o controle de sua carreira e se tornar seu próprio agente de mudança.

Donald J. Trump nasceu rico, trabalhou para o pai, tinha uma rede para resgatá-lo sempre que enfrentava um problema e usou sua empresa como escudo para pedir falência quatro vezes antes de se tornar o quadragésimo quinto presidente. Então, a falência é realmente tão ruim assim? Só você pode responder por si mesmo.

Observar o que aconteceu com meu pai constituiu os princípios que trago para o meu trabalho. Eu gostaria que alguém tivesse dito ao meu pai que, se quer um futuro diferente, pague a si mesmo primeiro e peça mais de maneira inteligente e oportuna — não quando estiver prestes a se tornar um sem-teto. Também gostaria que alguém tivesse dito ao meu pai que a falência não precisa ser vergonhosa. Se bem executada, ela pode reiniciar sua vida e dar a você a chance de ir devagar, estabelecer uma nova identidade profissional e planejar uma nova versão de si mesmo. Caramba, pode até fazer de você o presidente um dia.

Certa vez, Toni Morrison contou a história de quando trabalhava como governanta para uma mulher que a tratava mal e não pagava bem. Toni foi para casa e contou a seu pai sobre suas experiências, e ele respondeu: "Ouça. Você não mora lá. Você vive aqui. Com seu povo. Vá trabalhar. Pegue seu dinheiro. E venha para casa".[17]

Ela levou isso a sério, escrevendo, anos depois de se tornar um nome familiar, que o trabalho não define — nem deve definir — quem você é como pessoa. Você vai ter muitos empregos ao longo da vida, enfatizou Morrison, mas nenhuma posição ou cargo pode se comparar com o valor que vem da comunidade.

Pode ser tarde demais para meu pobre pai, mas sei que não é tarde demais para você. Comece a se pagar primeiro agora.

# ESTEJA SEMPRE APRENDENDO

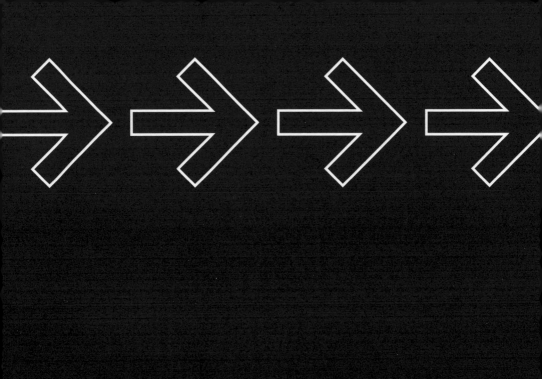

NÃO USE O CÉREBRO SÓ PARA TRABALHAR

Quando você para de crescer, começa a morrer.
WILLIAM S. BURROUGHS

Você já teve um trabalho em que não havia nada para fazer e você passava os dias navegando na internet? Ou um trabalho em que você quer fazer mais, mas não tem permissão para fazer?

Trabalhei para uma seguradora onde o CFO adquiria e vendia pequenas empresas como se estivesse fazendo compras na Amazon. Mesmo com todo esse ambiente disruptivo, eu não tinha muito o que fazer. Às vezes eu viajava para um escritório-satélite, dizia olá e turistava antes de voltar para casa. Outras vezes eu aparecia em reuniões de funcionários e depois ia direto para o bar do hotel.

Quando não estava na estrada, trabalhava em um escritório no centro de Chicago, onde deveria estar disponível para consultas de RH e aconselhamento a funcionários locais. Mas ninguém nunca ligava. Na verdade, eu era a filha problemática. Chegava ao trabalho por volta das 11h30 e passava minhas tardes vagando pela cidade olhando a arquitetura e as belas igrejas. Depois pegava o trem das 16h42 para casa.

Uma vez, vi Mario Andretti tirando fotos com fãs do lado de fora do Daley Plaza em Chicago com um carro de corrida da Indy 500. Fiquei na fila para um autógrafo porque não havia nada melhor para fazer.

"Quem é Mario Andretti?", perguntei depois ao meu marido.
"Você precisa de um novo emprego, Laurie."

De muitas maneiras, eu era a mulher mais sortuda do mundo. Eu tinha autonomia total, muitas pessoas responsáveis ao meu redor que facilitavam minha vida e uma equipe forte de generalistas de RH que não causavam problemas. Ninguém se importava com o que eu fazia durante o dia desde que os funcionários não estivessem nos processando, o que era revigorante. Mas eu estava desengajada e solitária. Passava um tempo no Museu de Arte Contemporânea de Chicago, depois me sentia culpada por ter um emprego que me permitia aprender sobre pinturas neoexpressionistas, mas não exigia que eu fosse útil.

O único ponto brilhante nessa paisagem monótona surgiu quando uma colega de trabalho percebeu que eu estava entediada e me contou sobre uma certificação chamada SPHR (Senior Professional in Human Resources), uma designação de nível sênior em recursos humanos fornecida pelo Human Resources Certification Institute.

"Por que você não estuda para a prova? Você não tem mais nada para fazer."

Para ser justa, ela estava certa. Usei meu cartão Amex corporativo, comprei uma pasta cheia de materiais de estudo e me matriculei em um curso preparatório com duração de três dias em um hotel perto do aeroporto O'Hare, ministrado por Mike Losey, ex-CEO de uma associação de RH chamada SHRM.

Mike trabalhou com recursos humanos por mais de quarenta anos, o que parecia uma loucura, porque eu nem sabia que o RH existia por tanto tempo. Não havia nada que Mike não soubesse sobre o mundo do trabalho, e sua paixão pelo RH era contagiante.

Fiz o exame SPHR e passei com louvor na primeira tentativa. Quando meus resultados oficiais do teste chegaram pelo correio, dirigi até o Hobby Lobby e emoldurei o certificado SPHR. A senhora atrás do balcão me convenceu a usar uma moldura dourada cafona com forro de veludo vermelho porque me fazia parecer rica e bem-sucedida.

Não vou fingir que o certificado SPHR resolveu todos os meus problemas. Continuei a vagar pelas ruas de Chicago e a fazer tours arquitetônicos de barco para matar o tempo. Mas aquelas oito semanas estudando para o SPHR mudaram minha vida e me ensinaram que eu poderia amar a área de RH e psicologia humana sem amar meu trabalho específico.

Até hoje, apesar de ter me afastado do mundo do RH corporativo, ainda estou envolvida nas duas maiores associações de RH: SHRM e HRCI. E, sempre que um colega de RH está entediado ou insatisfeito, eu o encorajo a fazer o exame SPHR ou a ensinar os materiais do exame — desafiando-se a aprender algo novo e a mentorar a próxima geração de líderes de RH.

Porque é provável que, se odeia o trabalho, você tenha parado de aprender. Não acredite apenas na minha palavra. A *Harvard Business Review*[18] constatou que os funcionários que estão aprendendo no trabalho experimentam menos ansiedade e estresse, envolvendo-se assim em um comportamento menos antiético do que os funcionários no piloto automático.

Não é que estudar algo diferente conserte automaticamente uma cultura falida ou te ajude a expulsar um líder corrupto que abusa de seu poder. Aprender algo novo é sobre *você*. E, se quiser assumir o controle de sua carreira, você deve continuar se consertando primeiro.

Minha prima Beth trabalhava como recepcionista em um movimentado centro médico e odiava isso. Ela acordava todas as manhãs em meio a uma confusão mental, prendia o cabelo em um coque e colocava um uniforme médico azul-claro, embora não fosse enfermeira. Quando voltava do escritório, reclamava de seu trabalho para quem quisesse ouvir.

Quando Beth conseguiu o emprego, fiquei otimista. Ela também estava. No começo. Beth comprou roupas novas na Ann

Taylor Loft, ficou animada porque seu escritório ficava perto de uma Starbucks e partiu direto para a briga. Mas sua experiência como funcionária começou a piorar no segundo em que Beth assinou a carta de oferta.

Primeiro, havia uma cultura tóxica de inveja e desconfiança. Cada reunião parecia um episódio de *Survivor*. Beth estava perdida no drama e nas agendas políticas de outras pessoas. Além do fato de que os cargos e o tempo de casa ainda importavam. O entusiasmo desenfreado de Beth era suspeito. Quando seus colegas não estavam falando pelas costas dela, eles a puxavam de lado e diziam para ela se acalmar, mostrar algum respeito e começar de baixo.

"É bom que você esteja ansiosa. *Mas fique na sua.*"

Já ouviu isso antes? Claro! Poucos de nós passamos pela vida sem que nos digam para recuar. Gestores de RH. Professores. Advogados. VPs de vendas. Farmacêuticos. Trabalhadores do varejo. Padeiros. Motoristas de entrega. Paisagistas. Seguranças. O esforço discricionário de uma pessoa é a ameaça de outra.

Como as pessoas ficavam dizendo a Beth para recuar, ela parou de chegar cedo, ficar até tarde e se oferecer para preencher lacunas na agenda quando seus colegas precisavam de folga. Ela também parou de se preocupar com os pacientes em seu consultório e com seus deveres essenciais de trabalho.

Um dia, Beth dirigiu até a loja na hora do almoço para comprar xampu e brinquedos para seus cães e tirar uma pausa do escritório. Quando ela se aproximou dos caixas, um grupo de homens barulhentos invadiu a loja e começou a gritar com os funcionários e a levantar cartazes de protesto.

Se você se lembra da história duvidosa dos EUA com a comunidade LGBTQIAP+, deve se recordar de que, em 2016, algumas pessoas estavam obcecadas com o uso de banheiros por pessoas transgênero. Uma rede varejista implementou uma política que permitia que indivíduos transgênero usassem o banheiro de acordo com sua identidade de gênero, causando protestos em todo o país.

Beth viu os manifestantes e ficou furiosa. Ela gritou de volta até eles saírem da loja. Alguém gravou toda a discussão e postou no YouTube. Pouco depois, recebi uma ligação para intervir.

"Laurie, dê uma olhada no vídeo que está circulando na internet. Dá para ver o meu rosto? Vou ser demitida?"

Era uma pergunta válida. Beth tinha o direito de se preocupar. Alguns empregadores norte-americanos a demitiriam em um piscar de olhos por expressar seu ponto de vista enquanto portava um crachá de identificação. É muito mais comum do que você imagina e se aplica a todos os protestos políticos, desde a luta pelos direitos dos indígenas à terra até o Black Lives Matter. As empresas inventarão uma desculpa relacionada ao desempenho ou simplesmente o dispensarão sem explicação.

Felizmente, o vídeo estava embaçado e era difícil reconhecer seu rosto. Tudo que você via era uma millennial enfurecida usando um uniforme médico largo.

Mas então uma coisa engraçada aconteceu nas semanas após nossa discussão.

Beth assistiu novamente ao vídeo e se viu ganhando vida diante da intolerância e da discriminação. Quando os manifestantes avançaram, ela os empurrou de volta.

Ela ficou curiosa sobre si mesma e se perguntou por que tinha ido para a batalha quando os outros fugiram. Por que se levantou e lutou quando seria mais fácil ignorar os manifestantes e voltar para o escritório?

Quando está curioso, você está cheio de pique.

A curiosidade é uma força motivacional para pessoas de alto desempenho. É o principal fator de aprendizado, desenvolvimento pessoal e crescimento. Os especialistas concordam que funcionários inquisitivos mostram mais flexibilidade ao resolver problemas que funcionários entediados.[19]

Beth expressou mais paixão em dez minutos na loja do que nos últimos dez meses em seu trabalho, e se perguntou se seria possível encontrar uma função que ampliasse essa emoção recém-descoberta.

Foi quando Beth veio até mim de novo — finalmente pronta para fazer uma mudança.

"Você pode me ajudar a encontrar um emprego em que eu possa gritar com as pessoas e ser paga por isso?"

Quem me dera. Isso parece ótimo.

Em vez disso, procuramos cargos em que Beth pudesse reiniciar sua carreira, aprender algo novo e causar impacto. Encontramos uma clínica veterinária em sua área que estava contratando recepcionistas que tivessem interesse em se tornar técnicas. Não foi uma combinação perfeita, mas os animais precisam de tanta ajuda quanto as pessoas. Se Beth trabalhasse lá por três anos, eles pagariam seus estudos e a licença estadual.

Beth enviou seu currículo e sua carta de apresentação, foi entrevistada e depois contratada em duas semanas. Voltou para a escola, estudou muito e investiu em créditos de educação continuada. Agora, Beth é uma técnica veterinária licenciada que trabalha como voluntária na comunidade, esterilizando gatos, cachorros, porcos domésticos e praticamente qualquer coisa que tenha testículos ou ovários.

Minha prima ainda odeia algumas pessoas, mas gosta de sua nova carreira. Quando pedi a Beth que refletisse sobre por que estava tão infeliz no centro médico, sua resposta foi direta: ela estava entediada e deprimida.

"Talvez não clinicamente deprimida, mas meu cérebro estava desengajado. É muito melhor quando você acorda com um propósito e se desafia a aprender algo novo."

Ao mudar de emprego, Beth não apenas aprendeu uma nova habilidade. Ela se arriscou, aprendeu a ser útil e usou seu conhecimento para fazer mais do que receber um holerite — Beth está reduzindo a população de animais de estimação indesejados em sua comunidade. Ela parou de pensar que a cura para a monotonia e a infelicidade era culpar os outros. Em vez disso, descobriu que a solução para o tédio no trabalho é aprender algo novo.

Os avanços na carreira vêm de várias formas, mas todos começam com o aprendizado. Talvez você esteja preso em um trabalho que consome sua alma, ou talvez sua empresa seja pequena demais para promovê-lo para a próxima fase da sua carreira. Faz sentido procurar uma nova função, mas tente aprender algo novo antes de dizer adeus ao salário existente. Você pode se surpreender.

Minha amiga Samantha é uma ex-profissional de vendas e marketing que tirou onze anos de folga para cuidar da família. Voltar ao trabalho não é fácil para a maioria das mães, mas o desafio de Samantha se provou mais difícil do que para a maioria: durante seu tempo como dona de casa, ela desenvolveu um amor pelo pilates, voltou para a escola e alcançou uma designação de nível sênior. Enquanto seus filhos eram pequenos, Samantha passou um tempo ensinando clientes particulares a fortalecer seu corpo e melhorar a postura.

Infelizmente, o pilates paga mal. As mulheres ricas gastam mais de cem dólares em uma aula particular, mas os instrutores ganham menos de um terço disso. São profissionais freelancers e não têm benefícios como plano de saúde ou aposentadoria nos Estados Unidos. Se tiver sorte, você trabalhará em um estúdio que te paga com uma cultura de horários flexíveis e pessoas legais que incentivam o aprendizado e o crescimento. Se for como a maioria dos instrutores, você vai pular de emprego em emprego.

Samantha adorava pilates, mas adorava mais pagar a hipoteca e viajar com os filhos nas férias. E não gostava de trabalhar para proprietários de estúdios que a tratavam como funcionária — com todas as críticas, feedbacks e exigências de tempo e energia —, porém não ofereciam os benefícios correspondentes. Entediada com a busca incessante por um emprego perfeito, Samantha tomou o destino em suas próprias mãos e aprendeu a administrar um negócio.

Ela se matriculou em um programa acelerado de MBA enquanto criava seus filhos e continuava a ensinar pilates paralelamente. Durante a pós-graduação, Samantha se sentiu tão culpada por estar longe da família que concordou em fazer qualquer coisa para tornar seus filhos mais felizes. Crianças espertas que eram, eles pediram um cachorrinho e Samantha concordou, sabendo muito bem que cuidar de um animal recairia sobre ela. (O que de fato aconteceu.) Mesmo assim, Samantha avançou e se formou sendo a primeira da turma.

Aqueles planos de abrir um estúdio de pilates e controlar o próprio destino eram ótimos, mas nunca aconteceram. Em vez disso, Samantha conseguiu um estágio de vendas em uma agência de marketing esportivo e realmente gostou da experiência. Após a formatura, a empresa ofereceu a ela um emprego de tempo integral.

Samantha estava temporariamente presa, mas não desamparada. Quando perguntei por que fez um MBA depois de tantos anos, ela me disse que um de seus alunos fez um programa de pós-graduação enquanto trabalhava e a inspirou a tentar o mesmo.

"Tive de ver isso funcionar para outra pessoa antes que eu pudesse reivindicá-lo para mim."

Perguntei a Samantha sobre os desafios de trabalhar e cuidar da família enquanto aprendia algo novo. Ela disse que o único momento em que pensou em abandonar a escola foi quando inicialmente adotaram a cachorrinha.

"Ela era mais difícil de administrar que a minha aula de contabilidade. A gente dava banho nela, a colocava no chão e ela corria e fazia xixi na mesma hora. Não vou mentir. Sentei no chão da cozinha e chorei."

Mas o novo emprego que estimula o cérebro de Samantha é ótimo. Ela disse: "Nunca fico entediada no trabalho. Todo aquele esforço na pós-graduação valeu a pena".

Nem todo mundo precisa de um MBA, mas todo mundo precisa aprender. Sempre que tenho um cliente aflito pedindo conselhos de carreira, nos concentramos, primeiro, em aprender algo novo nos próximos trinta dias. Quer seja um CEO exausto ou um representante de atendimento ao cliente antissocial preso em um emprego corporativo, não fazemos autoavaliações nem pagamos um consultor para administrar o MBTI (Myers-Briggs Type Indicator), um teste de personalidade, a fim de aprender mais sobre nós mesmos. Nós olhamos para os dados que já existem e descobrimos nossa jornada de aprendizado. Você também pode fazer isso.

Pegue um café, vá a algum lugar tranquilo e releia sua avaliação de desempenho mais recente. Ou pense na última vez que alguém lhe deu um feedback construtivo que o irritou. O que disseram e por que isso te incomodou? O que eles queriam que você fizesse diferente?

Mesmo que discorde dos dados, tente corrigir o problema.

Entre na internet. Pesquise no Google. Não há problema que você esteja enfrentando no trabalho que outra pessoa já não tenha resolvido. Procure um curso que você possa fazer ou uma habilidade específica que possa praticar para lidar com o feedback que recebeu.

Mantenha um diário e documente o que está aprendendo pelos próximos trinta dias. Aqui estão alguns exemplos:

"Hoje comecei uma aula de 'finanças para profissionais de outras áreas' e foi difícil."

"Aqui estão as três coisas que aprendi no meu curso do LinkedIn Learning sobre gerenciamento de conflitos no local de trabalho."

"Acabei de me atrapalhar em uma reunião do Toastmasters, mas agora sei que é um espaço seguro para falhar."

Se precisar de alguém a quem prestar contas, envie um e-mail para hello@letsfixwork.com e podemos trabalhar nisso juntos. No final de sua jornada de trinta dias, escreva cinco coisas que aprendeu sobre si mesmo e cinco coisas que o surpreenderam no último mês. Mande-as para mim. Eu garanto que você terá superado as expectativas de sua última avaliação de desempenho.

Se não tiver uma avaliação de desempenho recente, peça ajuda a um colega. Agende uma reunião informal, almoce ou dê uma volta pelo prédio. Faça estas duas perguntas:

"Qual comportamento específico posso aprender nos próximos trinta dias para melhorar nosso relacionamento? Você pode me dar um exemplo de comportamento que impede uma melhor comunicação entre nós?"

Então cale a boca e ouça.

Mesmo que não concorde com o que estiver ouvindo, reprima o impulso de se defender e explicar suas ações. Agradeça a seu colega de trabalho por ser sincero. Em seguida, encontre-se com seu amigo novamente em trinta dias e discuta seu progresso. Procure soluções na internet conforme descrito no exercício anterior.

O comportamento que seu colega mencionar? Aquele que você precisa consertar? Será o que todos em seu escritório estão morrendo de vontade de lhe contar.

Talvez você fale demais nas reuniões, sua frequência seja insatisfatória ou seus colegas achem que você é bagunceiro. Talvez não esteja atingindo uma meta de vendas porque suas habilidades de comunicação são insuficientes e isso está prejudicando a equipe. Talvez seu chefe ache que você está se rendendo cedo demais e não está tentando resolver os problemas do cliente antes de escalá-los na cadeia de comando.

Seja qual for o feedback, você é forte o suficiente para aceitá-lo e abordá-lo. No mínimo, você pode tentar. Tudo o que eles estão pedindo para você fazer é aprender com os erros do passado e crescer.

MENTORES FAZEM TOTAL DIFERENÇA

A internet adora truques de vida. Quer remover manchas de grama? Use água com gás. Precisa fazer um saboroso queijo quente? Use maionese, não manteiga. (Parece nojento, mas é delicioso!)

Infelizmente, não há truques de vida para aprender no trabalho. Por mais que você queira saber as três principais coisas a dizer ao seu chefe para pedir um aumento — ou as sete maneiras de fechar um negócio com clientes em potencial relutantes —, o local de trabalho não funciona dessa maneira. O comportamento humano tem bem mais nuances do que os artigos na internet dão a entender, e há diversas personalidades para que esses truques sejam eficazes para tudo e todos.

Se você estiver procurando a opção mais próxima disso, arranje um mentor.

No final da minha carreira em RH, forneci suporte a um grupo de profissionais de TI em nosso escritório em St. Louis. Não era um trabalho glamuroso, mas era bom conversar com pessoas que ainda tinham emprego, e tentei ficar disponível para emergências e conselhos relacionados aos funcionários.

Uma tarde, o gerente do escritório local me ligou aflito e me pediu para checar minha caixa de entrada de e-mails naquele exato momento. Era uma emergência de pessoal de nível seis, mas ele não teve tempo de explicar a definição aplicável de *pessoal* ou *nível seis*.

Abri meu notebook e li um e-mail enviado por uma gerente chamada Bella. Ao desabafar com um colega de seu departamento, ela se referiu ao VP de TI como uma bolsa de cu.

Você leu certo — bolsa de cu.

Bella estava em uma reunião em que seu chefe estava sendo um idiota. Em um momento de frustração, ela enviou um e-mail a um colega e expressou seu aborrecimento. Em vez de treinar Bella para se comunicar com respeito, o colega de trabalho a apunhalou pelas costas e encaminhou seu e-mail para várias pessoas no escritório, incluindo o gerente do escritório e o VP.

Você pode imaginar o que aconteceu a seguir. As pessoas fingiram estar chocadas, o VP ficou ofendido e a perseguição começou. A crise de nível seis da bolsa de cu tinha nascido.

O gerente do escritório queria saber se eu poderia pegar um avião para St. Louis e demitir Bella. Ele perguntou se eu poderia estar lá às sete da manhã do dia seguinte e conduzi-la para fora do prédio antes que alguém ficasse sabendo.

Eu respondi: "Ei, podemos simplesmente aparecer na casa dela e jogar uma pedra na janela dela? Podemos bater na janela dela e assustá-la no drive-thru do Dunkin' Donuts antes que ela comece a fazer seu trajeto diário?".

Ele não achou engraçado.

Eu disse ao gerente do escritório que voaria para lá e demitiria Bella, mas primeiro ele teria de responder algumas perguntas de RH para mim. Quanto custaria defender a organização de uma ação judicial? Quanto tempo e energia vamos gastar gerenciando fofocas e intrigas? E como as outras mulheres vão reagir quando souberem que Bella foi emboscada em um estacionamento e demitida por se expressar?

O gerente do escritório concordou que não deveríamos demitir Bella na hora, mas eu não tinha certeza quanto a ele não ser capaz de deixar a situação ainda mais dramática. Então, voei para St. Louis e me reuni com a equipe de liderança e o VP de TI para acalmar a situação. Também puxei Bella para uma sala de reunião e perguntei: "Bolsa de cu? Onde você estava com a cabeça?".

Eu sou assim, uma líder de RH elegante.

Bella não conseguiu reunir energia para responder e chorou por cinco minutos seguidos. Ela acidentalmente limpou o nariz no meu blazer da Petite Sophisticate e na minha blusa da Talbots, arruinando tudo. (Caramba, eu adorava aquela roupa. Eu me sentia tão adulta com ela.)

Bella tinha potencial para ser uma gerente fabulosa, mas a política envolvida em seu trabalho a frustrava. É doloroso ser o alvo da fofoca de colegas e gerentes de escritório, mas às vezes as pessoas precisam aprender lições sobre moderação da maneira mais difícil — cometendo erros e sendo criticadas.

Bella tinha algumas opções. Poderia continuar bancando a vítima e ficar com raiva de políticas corporativas e líderes impiedosos. Ou poderia seguir meu conselho e modelar grandes líderes para reconstruir sua reputação, assumindo o controle de sua carreira e aprendendo com esse erro.

Assim que parou de chorar, Bella escolheu a segunda opção e disse: "Eu gostaria de ter a oportunidade de consertar essa bagunça".

Elaboramos um plano para seguir em frente com base em três princípios que salvarão a vida de qualquer pessoa no trabalho: *responsabilização*, *contrição* e *ação*.

Responsabilização significa se apropriar de qualquer problema que você tenha causado com profissionalismo e integridade. Era sua responsabilidade acertar, mas você cometeu um erro e estragou tudo. Você fez besteira.

Contrição é um processo de duas partes. É a expressão de uma declaração de arrependimento que mostra que você entende de que modo seus comportamentos impactaram os outros. Mas também é um compromisso de mudança. Sim, você estava errado. Agora promete consertar o que estragou.

Ação é o que você faz depois de cometer um erro. É como o repara e demonstra que está arrependido. Escolha duas ou três coisas principais que você fará de maneira diferente para que isso nunca mais aconteça e faça.

Responsabilização, contrição e ação. É o necessário para ter uma segunda chance.

Mais tarde, naquela manhã, Bella estava na cabeceira da mesa em uma sala de reunião em tons de cinza e se desculpou por ter sido desrespeitosa e imatura. Prometeu aprender com seus erros e provar que merecia seu cargo de gerente. E concordou em trabalhar com o RH e melhorar suas habilidades de comunicação, seu estilo de liderança e a maneira como expressa a raiva.

Quando Bella se sentou, eu disse à equipe que é difícil ser uma jovem com muito potencial que nunca teve de lidar com as complexidades de uma grande corporação antes. Não éramos todos uma versão de Bella quando começamos — ansiosos, afobados e apaixonados?

Tenho certeza de que as pessoas reviraram os olhos, mas prometi encontrar um líder de sucesso na empresa que pudesse mentorar Bella. O plano era simples: eles se encontrariam e conversariam sobre obstáculos, desafios e política corporativa. Ao final de noventa dias, nos reuniríamos novamente e teríamos uma discussão honesta sobre o desempenho de Bella.

Todos concordaram em seguir em frente. E eu apresentei Bella a Nancy — sua nova mentora.

O que eu mais amava em Nancy era que ela tinha mais de vinte anos de experiência, mas ainda mantinha o senso de esperança e otimismo. Mesmo quando os homens a tratavam como uma secretária em vez de uma líder de TI, Nancy não mostrava sinais de raiva.

Quando solicitei a ajuda de Nancy, ela só tinha uma pergunta. "O que é bolsa de cu?"

Até hoje não sei. Pode ser um termo genérico para definir alguém que é péssimo. Pode ser uma bolsa de colostomia. Ou pode ser um travesseiro para hemorroidas que as pessoas usam em longas viagens de avião. Eu nunca pedi a Bella para explicar a origem do termo.

Assim que Nancy começou a orientar Bella, percebi uma melhora imediata no desempenho e na moral. Bella estava menos abrasiva e parecia genuinamente animada por ter uma aliada no local de trabalho. Seus colegas recuaram. Ninguém me ligou com emergências de pessoal de nível seis.

Todo o crédito para Bella (e Nancy). Ela entendeu a mensagem, trabalhou duro, abraçou a oportunidade de começar do zero e se matriculou em cursos de liderança no CCL (Center for Creative Leadership). Bella aprendeu a se comunicar com maturidade e compaixão em um ambiente de alta pressão e trabalhou duro para reconquistar a confiança de sua equipe.

Após o período probatório de noventa dias, Bella e eu revisamos seu progresso. Ela estava mais feliz e me agradeceu por estar ao seu lado enquanto aprendia a navegar melhor pela América corporativa.

"Estou surpresa por não ter sido demitida."

Para ser honesta, eu também estou. Ainda não acredito que conseguimos.

Bella assumiu sua função com habilidades especializadas e muita experiência técnica. Mas, como diz o famoso palestrante motivacional Marshall Goldsmith, o que trouxe você até aqui não te levará até lá. Às vezes ser bom em seu trabalho não é suficiente, e Bella teve de admitir que sua carreira estava quebrada para consertá-la. Ela precisava aprender algo novo — como comunicar seus sentimentos com *clareza* e *integridade*. E, 24 meses após a emergência de nível seis da bolsa de cu, a equipe de liderança promoveu Bella a gerente sênior e a identificou como uma pessoa de alto desempenho com potencial.

Bella não desperdiçou a oportunidade única de trabalhar com uma mentora. Ela sabia que tinha sorte de conseguir uma. Mais e mais homens relatam que se sentem desconfortáveis mentorando mulheres,[20] e muitos executivos de alto nível seguem a regra de Billy Graham — uma prática popular entre cristãos evangélicos como Mike Pence, que evitam passar tempo sozinhos com mulheres que não sejam suas esposas.

Há apenas duas razões pelas quais esses homens não passam tempo com mulheres: ou eles estão preocupados com a possibilidade de ficar excitados, ou de ser falsamente acusados de algum ato hediondo.

Uma maneira de corrigir esse problema no local de trabalho é demitir líderes do sexo masculino que não passam tempo nem fazem mentoria com mulheres. Você não pode escolher aspectos específicos do seu trabalho, então por que poderia optar por não mentorar a próxima geração de líderes? Se você é um homem que se preocupa com sua reputação em detrimento do desenvolvimento organizacional, não está preparado para as complexidades de ser um líder. É hora de ir embora.

Antes de ser chamado a uma sala de reunião pelo gerente de RH, examine as lacunas em sua carreira, seu caráter e sua atitude. Em seguida, encontre alguém para ajudar. Os mentores não precisam estar em sua órbita imediata. Você pode começar modelando pessoas bem-sucedidas em geral. Faça o que elas fazem. Elas nem precisam saber que você está fazendo o mesmo que elas. Acesse o LinkedIn, procure alguém que esteja vivendo sua melhor vida e acompanhe essa pessoa na internet. Leia o que ela escreve. Inscreva-se em seu canal do YouTube.

Certa vez, vi um vídeo de um minuto de Suzy Welch no Twitter. Suzy é uma empresária norte-americana famosa e esposa de Jack Welch, ex-CEO da General Electric. Suzy falou sobre a regra 10-10-10 para tomar decisões difíceis. Funciona assim: você se pergunta como se sentirá sobre a situação e o resultado em dez minutos, dez meses e dez anos. Alerta de spoiler: você vai tomar melhores decisões para o futuro se focar a meta de dez anos.

Aquele vídeo chamou a minha atenção. Desde então, descobri que pode ser a regra de Warren Buffett para a tomada de decisões. Eu não ligo. Agora sou uma discípula de Suzy Welch. Ela é minha mentora. Ela não me conhece, mas mudou minha vida.

E é isso que torna a mentoria o maior truque para consertar o trabalho. Bella teve Nancy para ajudá-la a superar a crise de nível seis da bolsa de cu. Eu tenho Suzy Welch. Quem você tem?

O FEEDBACK DÓI MUITO

Devo parar por um momento e admitir que a adaptação e o crescimento são os desafios de toda uma vida — mesmo para alguém como eu, que permanece comprometida com o autoaperfeiçoamento.

Às vezes estou cansada. Às vezes sinto preguiça. Mesmo quando conheço meus pontos cegos, não quero tentar até ser pressionada.

Um colega chamado Cameron me disse uma vez: "Laurie, você come como um cachorro selvagem".

Ele não estava errado.

Estávamos em um restaurante chique no bairro próximo à sede das Nações Unidas em Nova York, comemorando a aposentadoria de um colega, e Cameron percebeu que eu atacava a minha comida como um órfão em um romance de Charles Dickens.

Durante toda a noite, Cameron me observou enquanto eu me atrapalhava com o garfo e usava as mãos como talheres. A certa altura, ele me flagrou mergulhando meu pão em uma faixa de manteiga e caldo de bife espalhada no meu prato. Então, para piorar as coisas, lambi os dedos.

Cameron poderia facilmente ter vomitado.

Para ser justa, Cameron era um esnobe que passou a vida inteira em um bairro chique da cidade de Nova York. Eu fui criada, durante um período, pela minha avó, que cozinhava no estilo linha de montagem para oito netos. Nossa dieta consistia principalmente em alimentos macios como mingau, espaguete e nuggets de frango, e usávamos garfolheres — aquelas combinações de colher e garfo oferecidas em restaurantes de fast-food — para minimizar a louça suja. Quando algo como bolo de carne precisava ser fatiado, vovó cuidava disso.

Depois do comentário de Cameron, afastei meu prato e recusei a sobremesa. Eu me senti envergonhada. Foi humilhante ser repreendida em público.

No dia seguinte, Cameron se desculpou, mas ainda tinha dúvidas sobre meus modos à mesa.

"Como você chegou tão longe comendo assim?"

Os nova-iorquinos sabem ser diretos.

Contei a Cameron sobre a estratégia de preparação de alimentos da minha avó. Com todas aquelas crianças, não havia tempo para aulas formais de etiqueta. O resultado? Eu comia igual ao Oliver Twist.

"Ninguém tentou te ensinar boas maneiras?"

Claro, meu namorado do colégio tentou intervir e me ensinar a usar uma faca, mas eu aprendia devagar. Era mais fácil comer alimentos simples como sopa, sanduíches e pizza do que aprender algo novo.

"Lamento pela sua infância estranha", disse Cameron, "mas existe uma coisa chamada YouTube. Talvez você deva assistir a um vídeo sobre etiqueta. Você não pode comer pizza para sempre."

Eu não podia?

Veja bem, não é como se eu não soubesse que minhas maneiras à mesa eram atrozes. O que me pegou desprevenida foi que alguém me viu em minha forma bruta — imatura, indigna, fazendo uma escolha preguiçosa de ficar no passado — e disse algo.

Cada um de nós tem pontos cegos e deficiências em certas habilidades. Mas estou aqui para te dizer que a hora de aprender com seus erros e corrigir esses pontos cegos é agora. Outras pessoas veem os comportamentos e os problemas que você está ignorando e sentem pena de você, mesmo que expressem isso mal. Vai saber, pode ser que suas idiossincrasias até limitem sua carreira.

Desde aquele dia em que Cameron criticou meus modos à mesa, assisto a vídeos no YouTube e a aulas de etiqueta corporativa com amigos e consultores. Também li *Etiquette*, de Emily Post, e escrevi no blog sobre minha jornada com as boas maneiras à mesa em restaurantes requintados. Não vou tomar chá com o rei da Inglaterra em breve, mas, se acontecer, estou pronta.

Foi preciso um momento embaraçoso em público, e um pouco de crítica às minhas maneiras, para eu ser persuadida a assumir o controle da minha vida. Então eu me pergunto: qual é o seu ponto fraco e o que será necessário para você consertá-lo?

Talvez você seja um assobiador, uma pessoa que respira pesado ou alguém que cantarola uma música em sua mesa de trabalho enquanto outras pessoas fazem ligações. Ou talvez você estale os dedos durante as reuniões, sempre esqueça a carteira e não saiba ler mapas.

Pare de ignorar suas falhas e escolher o caminho mais fácil na vida. Haverá um momento em sua carreira em que será tarde demais para resolver o problema.

Meu amigo John era responsável por um departamento de vendas de baixo desempenho que não atendia às expectativas. Ligações para potenciais clientes não eram feitas. Os pedidos de orçamento ficavam em uma fila. E os funcionários nunca pareciam se preocupar com metas até o fim do trimestre.

"É tudo culpa do marketing", dizia John a qualquer um que ouvisse. "Precisamos de melhores ferramentas de capacitação."

O que é uma ferramenta de capacitação? Não se preocupe com isso. É linguagem corporativa — algo que é dito quando se está com preguiça de assumir a responsabilidade por um problema. É mais fácil culpar os outros pelas falhas do que considerar nosso papel na bagunça que criamos. Se eu tivesse de adivinhar, John vinha dando desculpas como essa a vida toda.

Não deveria ser uma surpresa que o chefe de John, André, estivesse furioso com o resultado da equipe de vendas. Não dá para realmente chamar de "vendas" se ninguém está fechando negócios, então André agendou um hackathon para gerar novas ideias sobre como transformar a equipe e melhorar o funil de vendas.

E ele fez isso sem a contribuição de John.

Um hackathon é um evento em que muitas pessoas se encontram durante vários dias para se envolver em programação de computador colaborativa. No atual mundo moderno do trabalho, os princípios agora são aplicados à solução de problemas em vários departamentos. O chefe de John convidou qualquer pessoa da organização que se preocupasse com vendas para se reunir na cozinha da empresa e debater maneiras criativas de aumentar as vendas.

A confiança equivocada de John em suas habilidades ultrapassadas, combinada a seu estilo de gestão *laissez-faire*, não era mais eficaz para a empresa. André me contratou para ser a coach executiva de John e deu a ele duas opções: sair com uma indenização ou abraçar esse momento de aprendizado para se tornar o líder que deveria ser.

A propósito, é assim que funciona para os executivos. Ninguém nunca é demitido. Nós pagamos para eles irem embora.

"Não precisamos de um hackathon para consertar minha equipe de vendas", insistiu John. "O André é um babaca. E o que alguém em compras ou design gráfico sabe sobre fechar um negócio? Esta é a minha equipe. Vamos trabalhar nisso."

Às vezes o trabalho do coach é ouvir, e às vezes é falar a verdade. Eu disse: "John, eles não são sua equipe de vendas. Você não paga o salário deles. Eles se reportam a você em um organograma de uma empresa onde você trabalha por escolha do CEO. Neste momento, André não está feliz. Seus dias estão contados".

Agora que tinha chamado a atenção dele, eu disse: "Eu não trabalho com vendas. Mas uso uma ferramenta chamada pré-mortem para prever como vou falhar. E se os seus representantes de vendas registrassem todas as falhas antes de uma reunião importante com um cliente em potencial? Se trabalhassem de trás para a frente e pudessem ver como a reunião poderia terminar mal, eles estariam prontos para qualquer coisa".

John pensou sobre isso e me disse que era uma ótima ideia.

"Bem-vindo a um hackathon, meu amigo", eu falei. "É um monte de gente sentada, pensando em ideias e tentando mover a agulha como eu acabei de fazer. Nem toda ideia vai ser fantástica, mas não há nada a temer. Agora mantenha seu emprego e aprenda algo com seus colegas de trabalho que se preocupam com vendas."

Não importa quem somos, o aprendizado contínuo é um desafio. Mas cada um de nós pode mudar de vida se tentar aprender um pouco mais hoje do que aprendeu ontem.

Beth não percebia que tinha potencial para encontrar um emprego de que gostasse e lutar pelos oprimidos. Bella não sabia como canalizar sua frustração e se transformar em uma líder. John não entendia como administrar uma equipe de vendas do século 21. E eu não aprendi a usar uma faca até que o feedback de alguém me machucasse profundamente. A solução para quase todos os obstáculos em sua carreira é dobrar o aprendizado. Enquanto houver uma oportunidade de dominar novas ideias e habilidades, há esperança. E às vezes a esperança é tudo de que você precisa para finalmente assumir o controle de sua carreira.

SEJA SEU PRÓPRIO RH

CUIDE DE SI MESMO NO ESCRITÓRIO

Espero que, quando as máquinas finalmente assumirem o controle, elas não construam homens que quebrem assim que são quitados.
BOB KAUFMAN

O pior dia na minha carreira em RH veio bem cedo. Era uma tarde escura de agosto. Meu escritório ficava no terceiro andar de um prédio estilo anos 1960 com um pátio central, então eu tinha vista para outros escritórios e para o céu. Um relâmpago brilhou e eu pulei da cadeira, olhando pela janela além do pátio. Foi quando vi um vice-presidente beijando sua assistente administrativa. As persianas estavam abertas. Eles não perceberam que as janelas espelhadas não refletem em um dia nublado.

Levei um segundo para perceber o que estava testemunhando. Ela estava sentada em sua mesa, e ele tinha os braços em volta do corpo dela. Não estava tão sugestivo até que ele caiu de joelhos. Eu gritei: "Ah, meu Deus!".

Minha gerente se sentava perto de mim e geralmente me ignorava. Mas dessa vez ela ergueu os olhos da mesa, esticou o pescoço e vislumbrou a cena. O pior é que olhei pela janela e examinei o pátio. Minha chefe e eu não éramos as únicas assistindo. Quase todo mundo do terceiro andar estava colado nas janelas. Todos pararam o que estavam fazendo para assistir ao show. Antes que eu pudesse perguntar o que fazer, um colega chamado Dougie correu até minha mesa e disse: "Só para avisar. Olhe pela janela. Frank está no escritório dele —

assassinando sua carreira". Não me diga, Dougie. Obrigada pela atualização.

Ninguém fez nada para impedir o acidente de trem que se desenrolava à nossa frente. Olhei para a minha chefe. Ela olhou para mim. Então eu gritei: "Tudo bem, eu vou". Corri metade do prédio como Usain Bolt e bati na porta de Frank. A assistente abriu e perguntou: "Oi, Laurie, tudo bem?".

Eu disse: "Feche as persianas. Todo mundo está vendo".

Achei que a coitada fosse desmaiar. Ela me agradeceu e fechou a porta. Segundos depois, eu os ouvi puxar a corda para fechar as persianas verticais, mas era tarde demais.

Quase imediatamente, senti o coração retumbar em meus ouvidos. Minha cabeça doía e minhas mãos tremiam. Embora não houvesse nada de errado comigo, eu só queria desabar e ligar para minha mãe. Mas eu não podia chorar porque tinha de voltar ao trabalho — fazer triagem de currículos e entrevistar candidatos por telefone. Quando encerrei as ligações, tentei conversar com minha chefe sobre os próximos passos.

"O que a gente faz agora?", perguntei.

Ela me disse que não havia nada a fazer e acrescentou: "Está acima do nosso nível salarial".

Naquele dia, aprendi tudo sobre trabalho e humanidade, começando com o fato de que as pessoas estão transando no trabalho — bastante. Você está atendendo a telefonemas e participando de reuniões, mas alguém está transando em um escritório perto de você. É nojento. Lave as mãos no trabalho com frequência.

Além disso, aprendi que as pessoas são mesquinhas e acham seus erros divertidos. Às vezes, seus colegas preferem ver você queimar sua carreira de maneira gloriosa a arriscar o próprio pescoço para ajudar.

E, mesmo no RH, os líderes costumam ser covardes. Quando chegar a hora de prestar contas, eles vão passar a responsabilidade a alguém superior na cadeia de comando. Falar com alguém poderoso sobre seu comportamento inadequado? Não, obrigado, prefiro olhar para a tela do meu computador e ficar na internet fingindo que estou trabalhando.

No final do pior dia da minha carreira, fui ao refeitório em busca de alguma coisa para comer. Peguei um saco de cookies da Famous Amos da máquina de venda automática, sentei no canto sozinha e enxuguei as lágrimas dos olhos.

É claro que foi nessa hora que a assistente de Frank apareceu. Ela veio direto até a minha mesa, me agradeceu profusamente e perguntou: "Você acha que muita gente viu?".

Isso é que é estar em negação.

Respirei fundo e menti. "Não", eu disse, "acho que poucas pessoas viram. Só minha chefe e eu."

"Bom. Não quero que Frank tenha problemas."

Fiquei chocada. Pensei: você não quer que Frank tenha problemas? Isso é uma piada? E por que Frank não está aqui se desculpando comigo?

Eu disse à assistente que Frank ficaria bem, mas eu me preocupava com o futuro dela. As pessoas falam, e se a história nos mostrou alguma coisa é que as mulheres nunca se dão bem nos relacionamentos no trabalho. Frank não tinha obrigação de protegê-la de problemas. Na verdade, previ que ele faria o oposto e a jogaria aos leões.

"Nós nos amamos", disse ela. "Ele vai cuidar de mim."

Balancei a cabeça. Mesmo sendo nova no mundo do trabalho, já tinha percebido uma coisa importante: só você cuida de si mesmo.

Os chefes vêm e vão, e as equipes de RH quase sempre são terríveis. A única pessoa em quem pode confiar no trabalho é em você mesmo. Não coloque seu destino nas mãos de quem tem controle financeiro sobre você. Assuma um papel ativo e interessado em seus próprios resultados e experiências.

A assistente administrativa tinha pelo menos o dobro da minha idade, e uma parte minha se perguntava como ela tomava decisões em outras áreas da vida. Tenho certeza de que não confia no caixa do mercado para passar seus itens sem erros — ela confere o recibo. Também tenho certeza de que não confia que a loja de departamentos tenha removido o dispositivo antifurto de suas roupas antes de sair. Ela olha, assim como o restante de nós.

O trabalho é como qualquer outra transação: você deve confiar, mas precisa verificar.

Não pude deixar de pressionar ainda mais, perguntando: "Por que você acha que Frank te protegeria? Você não está preocupada por ter sido pega fazendo sexo no trabalho com seu chefe?".

Ela olhou para mim como se eu fosse uma criança ingênua e disse: "Eu só ficaria preocupada se você contasse ao RH".

E eu, tipo... Eu *sou* o RH.

"Você sabe o que eu quero dizer. Você é só uma recrutadora. E você é legal."

Ah, cara. Ela entendeu errado. Eu me levantei para comprar um segundo pacote de Famous Amos e processei a conversa. Mesmo se eu quisesse relatar esse incidente, para onde eu iria? Era certo trair minha chefe e falar com os chefões da empresa? Eu não tinha ideia, então comprei um terceiro pacote e comi no trajeto para casa.

Esses cookies são viciantes.

No final, ouvi minha chefe em vez dos meus próprios instintos e fiquei quieta. Depois, quando houve uma reestruturação administrativa, a equipe de Frank se fundiu com outro grupo e sua assistente foi demitida. Ele foi para outra parte da empresa. Talvez minha chefe estivesse certa. Talvez a situação estivesse sendo tratada em um nível salarial acima do nosso. Mas, se eu interviesse e dissesse alguma coisa, talvez aquela auxiliar administrativa tivesse mantido o emprego.

Um ano depois desse incidente bizarro, eu também havia saído. Minha mãe tinha uma doença chamada pancreatite hemorrágica. Eu não tinha muitas folgas remuneradas acumuladas, então tirei uma licença não remunerada, mas com meu emprego protegido graças a Bill Clinton e ao Family Medical Leave Act (FMLA). Cuidei de meus irmãos mais novos, que ainda estavam no ensino médio, garantindo ao mesmo tempo que minha mãe recebesse o melhor atendimento médico possível.

Enquanto eu estava de licença, minha chefe reestruturou nosso departamento, tentando acabar com o meu cargo. Foi apenas por meio da legislação governamental que meu emprego foi protegido. No fim, voltei da temporada com minha mãe e fiquei alguns meses só para provocar. Agora eu olho para trás e fico, tipo, *Uau, Laurie, você foi tão burra. Você devia ter previsto isso e pedido um pacote de indenização.*

Estou aqui para te dizer o que eu gostaria de ter sabido na época: você conserta o trabalho fazendo uma escolha corajosa, depois outra, e depois outra, até ver melhorias em sua vida cotidiana. O trabalho é consertado quando você se coloca em primeiro lugar, assume o controle da sua carreira e age como seu próprio departamento de RH. Porque Deus sabe que sua equipe de RH local nem sempre é confiável para fazer a coisa certa. (Veja o que acabei de contar.)

Olhe para a paisagem da sua vida e defina as métricas que são importantes para você. Tome decisões de carreira com base na maneira como o trabalho se alinha com seus valores. Eleve seu bem-estar físico e sua saúde emocional. Priorize a força dos seus relacionamentos. Não comprometa seus princípios. Se algo parecer errado, tente entender por quê. Pare de ignorar o caos em sua vida explicando-o como uma fase ou condição temporária que vai melhorar quando algo mais mudar. E, por favor, pare de esperar que alguém conserte o que está errado.

Se esperarmos que outras pessoas façam o que é certo por nós, vamos ter um Frank — um homem que não se importava em ter um relacionamento com alguém que supervisionava. Também teremos minha gerente, uma pessoa indiferente a um flagrante abuso de poder. Se continuarmos esperando que líderes e corporações coloquem os funcionários em primeiro lugar, vamos ficar aqui para sempre.

É hora de parar de esperar. Se acreditamos que o trabalho pode ser um lugar onde as pessoas desenvolvem suas habilidades e descobrem dignidade e respeito, precisamos ser a mudança que queremos ver no mundo. Quando vemos injustiça e exploração, precisamos lidar com isso. Quando nós mesmos as experimentamos, devemos revidar e detê-las.

Como você assume o controle da sua carreira quando alguém abusa do poder e maltrata você? Como pode ser seu próprio RH quando os sistemas e as políticas falham?

Conforme abordei neste livro até agora, existem vários caminhos para a recuperação pessoal e profissional. Mantenha-se física e emocionalmente saudável. Saia do isolamento e converse com alguém — um colega, um mentor, um terapeuta ou um prestador de assistência ao funcionário. Aprenda a apostar em si mesmo. É difícil correr riscos, mas o pré-mortem é a ferramenta mais eficaz em seu arsenal para prever e vencer o fracasso. Pergunte a si mesmo como algo vai falhar. Anote isso. E elabore um plano para superar o fracasso.

É uma pena que caiba a você — e a mim, e a todo mundo — consertar o trabalho. Mas este livro é uma ferramenta no seu arsenal para se colocar em primeiro lugar, assumir o controle de sua carreira e ser seu próprio departamento de RH. Agora, vá e faça.

QUE P*RRA O RH FAZ, AFINAL?

A única coisa que herdei da minha mãe foi um rosto simpático. É uma condição que faz com que todo mundo pense que você é amigável e queira te contar sua história de vida — mas, se for como eu, você muitas vezes não está tão interessado e não se importa de verdade. No entanto, as pessoas se confessam a você de qualquer maneira, como a um padre em uma igreja, e você é incapaz de impedir isso.

Esse fenômeno de pessoas aleatórias falando comigo ficou tão ruim que comecei a usar meus fones de ouvido com cancelamento de ruído em todos os lugares, incluindo aviões, restaurantes, metrôs e bares de hotel quando estou tentando jantar. Mas isso não importa. As pessoas ainda se aproximam de mim de qualquer jeito.

A última vez que alguém puxou conversa comigo em um avião foi um executivo de uma empresa de médio porte que, de fato, me contou sua história de vida. Mas, então, depois de cerca de meia hora, ele perguntou sobre meu trabalho.

"Você trabalha com o quê?"

Sem complicar, respondi: "Sou consultora de RH".

"Ah", ele respondeu. "Sempre me perguntei — por que o RH é péssimo? Sem ofensa."

Sempre que alguém te disser para não se ofender, prepare-se para se ofender. Principalmente se o comentário vier de um cara da primeira classe.

Mas eu entendo por que meu companheiro de assento achava que o RH era uma droga. Muitas vezes começa no início do processo de emprego, quando alguém como você se candidata a uma vaga e espera uma eternidade para receber uma resposta — se é que recebe. As empresas entrevistam regularmente centenas de candidatos, só para deixar o trabalho em aberto indefinidamente porque não conseguem encontrar alguém que seja um bom *fit cultural* (o que quer que isso signifique).

Depois de contratado, a primeira semana provavelmente vai se parecer com *O Senhor das Moscas*. Uma recepcionista mostra a você onde se sentar no primeiro dia, alguém do TI entrega a você um notebook (sem informações de login corretas) e a sua papelada de nova contratação é preenchida por meio de um portal anônimo. Se a empresa estiver à frente do jogo, um humano de verdade vai levá-lo a um passeio pelo refeitório e mostrar o banheiro mais próximo de sua mesa. Mas isso não é, de forma alguma, uma garantia.

Se houver uma orientação para o funcionário, você não é o foco. O gerente de RH deixa isso bem claro. Se estiver curioso sobre o que realmente é necessário para ter sucesso nessa empresa, você está por sua conta. Em vez de ter acesso a um consultor ou um coach, você recebe uma palestra ou vídeo chato que cobre todas as coisas nas quais não deveria se envolver no trabalho, mas que provavelmente estão acontecendo de qualquer maneira (é por isso que você está participando do treinamento obrigatório). Não fica muito melhor quando você supera o obstáculo de ser o novato. Caso você passe de um ano, terá sorte se receber um aumento e um feedback sobre seu desempenho. Mas tem algum problema? Não se preocupe em ir ao RH porque, para ser honesto, a equipe de lá não é confiável para receber informações confidenciais na maioria das empresas.

Às vezes o trabalho segue seu curso e a única decisão razoável é pedir demissão. Quando você finalmente encontra aquele novo emprego e sai, seu gerente explica que você morreu para ele. A porta da rua é a serventia da casa.

O RH *poderia* consertar tudo isso. Em vez disso, é uma bagunça na maioria das organizações. Mas não precisa ser assim.

Eu sonho com um mundo onde os departamentos de RH locais priorizem os seres humanos a que deveriam se dedicar. Precisamos de equipes de recursos humanos firmes contra bullying, assédio, racismo, sexismo, homofobia, transfobia, misoginia, capacitismo, xenofobia e até mesmo discriminação religiosa. O

RH pode fazer isso e muito mais. Deve contratar pessoas com base em critérios rigorosamente definidos — não com base em nepotismo ou em preconceitos cognitivos — e então pagar um salário justo a elas. Cabe ao RH garantir que os profissionais sejam integrados com cuidado, preparados para realizar seu trabalho. E, quando chega a hora da revisão anual de um funcionário, o RH precisa tomar as rédeas e garantir que o processo permaneça organizado e transparente.

Ouvi dizer que algumas equipes de RH já estão fazendo isso. Você pode conhecer alguém que trabalha com recursos humanos e faz um ótimo trabalho. Não vou contestar isso; no entanto, acho que é muito raro.

Mas — e aqui está o problema — você não pode culpar uma instituição pelos motivos pelos quais o trabalho, especificamente o *seu* trabalho, não está dando certo. Para efetuar uma mudança, você deve ser seu próprio RH e seu próprio defensor, em três momentos cruciais da evolução da sua vida profissional: quando está procurando emprego, quando entra em uma empresa e quando decide sair dela.

APRENDA A PROCURAR EMPREGO COMO UM PROFISSIONAL

Perdoe-me por afirmar o óbvio, mas procurar emprego é complicado. A maioria das descrições de vagas nada mais é que uma ferramenta de marketing destinada a vender uma função que não existe realmente. Quando você participa de uma entrevista, o processo é tão confiável quanto jogar dardos em um alvo com os olhos vendados. E o fato de ter participado também não significa que você vai ter uma resposta. Ninguém na sua futura empresa se importa se o processo de entrevista é emocionalmente desgastante. Na verdade, tudo bem se você estiver infeliz — isso faz parte do trote corporativo.

Procurar um emprego é uma das coisas mais exaustivas e estressantes que você pode fazer na vida, e isso acontece porque não se trata apenas de aparecer para vender suas habilidades a alguém. Você deve parecer interessante e atraente enquanto engana recrutadores, gerentes de contratação e qualquer outra pessoa que pense que está um passo à sua frente. É pedido a você que reserve um tempo em sua agenda e minta para seus colegas de trabalho sobre aonde está indo às duas da tarde. E, enquanto mente ativamente para seu empregador atual, você deve agir como um profissional e fingir que nunca mentiria para seu futuro empregador.

A grande verdade é que os futuros empregadores podem sentir sua exaustão e seu estresse, mas não se importam. Se a sua energia não for adequada, eles vão pular seu currículo e passar para a próxima pessoa que mostrar a quantidade adequada de vitalidade e paixão.

Isso pode parecer simples e reducionista, mas confie em mim. Quando estamos em busca de um novo emprego, a mentalidade é tudo. Se você está procurando, volte para a lição mais importante deste livro: Coloque-se. Em. Primeiro. Lugar.

Ninguém está pedindo para você se inscrever no crossfit — ou reservar uma viagem para Tijuana para fazer uma cirurgia bariátrica —, mas você vai precisar aumentar sua resistência para se manter motivado e fortalecido em tempos difíceis. E procurar um novo emprego é *sempre* difícil. As mesmas boas regras de autocuidado se aplicam: durma bastante, coma alimentos que o nutram e expulse da sua vida pessoas tóxicas que não acreditam no futuro que você deseja.

Em seguida, vamos esmiuçar o pré-mortem anterior e aplicá-lo à sua busca de emprego. Pense na última vez que você procurou trabalho. Reflita sobre a experiência e pergunte: como você errou? Que arrependimentos você tem? E como vai estragar tudo desta vez?

Existem atos universais de fracasso em todas as buscas de emprego. Normalmente você se candidata a centenas de empregos na internet — mesmo aqueles que não fazem sentido — esperando que um sistema de rastreamento de candidatos (SRC) encontre palavras-chave mágicas e selecione seu currículo para uma tela de telefone com um recrutador. Ou fará networking com outras pessoas desempregadas em vez de pensar nas três a cinco pessoas que podem realmente ser úteis para você em uma busca de emprego. Ou você passa o dia conversando com seus colegas pessimistas, em vez de encontrar e fazer amizade com três a cinco novas pessoas no LinkedIn que atualmente têm o emprego dos seus sonhos. (A propósito, tudo o que você precisa fazer é entrar em contato com essa pessoa pelo recurso InMail do LinkedIn e dizer: "Vi o seu perfil. Você tem o emprego dos meus sonhos. Posso falar com você por quinze minutos sobre como você o encontrou?".)

A maneira mais eficaz de encontrar um emprego pode ser a menos óbvia. Meu amigo Ryan Paugh escreveu um livro incrível chamado *Superconnector: Stop Networking and Start Building Business Relationships That Matter* ["Superconexão: Pare de fazer networking e comece a construir relações profissionais que façam a diferença", em tradução livre]. Ele me disse que a melhor maneira de se relacionar com as pessoas é sendo útil e servindo. Se você é conhecido como uma caixa de ressonância para as pessoas em sua comunidade e já mentorou alguém, está em uma boa posição. Ser orientado para o serviço permite que as pessoas pensem em você como alguém útil, em vez da pessoa que está presa em um emprego ruim — ou desempregada. Oferecer seu tempo torna você mais interessante e simpático, e lhe apresenta novas pessoas que podem ser úteis de maneiras surpreendentes. Quando ajuda os outros, você ganha a confiança deles, o que os torna mais propensos a oferecer favores e conselhos que possam beneficiá-lo no futuro.

Procurar emprego não precisa ser uma provação terrível se você seguir minhas dicas. E, como vai perceber, não tem nada a ver com RH. Portanto, pare de culpar os recursos humanos quando não conseguir encontrar trabalho e vá buscar o emprego que merece.

APRESENTE-SE COM CONFIANÇA E ATITUDE

Os primeiros dias de um novo emprego são estranhos e terríveis para muitas pessoas, mas não para todos — e nem sempre. Pense no melhor emprego que você já teve (se já teve um). Provavelmente seus primeiros noventa dias foram divertidos e desafiadores. Você riu muito, conheceu pessoas e fez um monte de amigos. Seus objetivos eram claros, a empresa o apoiava e você passava aqueles dias cuidando dos negócios sem pensar em politicagem, brigas internas ou dramas.

Com base em minhas experiências, você não precisa de mais de três meses para determinar se um trabalho é adequado. Você sabe na primeira vez que alguém lhe pede para fazer algo que normalmente não está inclinado a fazer: você pode trabalhar até mais tarde? Você se importaria de fazer algumas ligações a mais? Podemos conversar sobre coisas que estão me incomodando?

Se você disser sim, com entusiasmo, ao trabalho emocional e profissional extra nos primeiros dias, o emprego é adequado. Se você hesitar, é uma indicação importante de que algo está errado. É por isso que os melhores departamentos de RH trabalharão com você imediatamente para ajudá-lo a se sentir conectado à sua equipe e engajado nos objetivos da organização em um nível emocional. Se você ama as pessoas ao seu redor e confia nelas, está preso a esses relacionamentos e vai demonstrar com prazer um esforço irrestrito.

Infelizmente, muitos de nós não têm acesso a grandes líderes que entendam a importância da conexão interpessoal. Cabe a você investir em relacionamentos durante os primeiros noventa dias. Faça a sua parte. Assuma precocemente um papel ativo em sua própria integração. Saia na frente fazendo perguntas antes mesmo de começar.

Como posso conhecer meus colegas antes do primeiro dia? Qual é a melhor maneira de aprender sobre as normas culturais? Posso falar com o TI com antecedência, para que meu novo notebook e telefone estejam prontos para o trabalho? Tudo bem se eu me conectar com minha equipe antes do primeiro dia?

Resumindo: faça conexões importantes com as pessoas o mais rápido possível. Encontre seu gerente no LinkedIn e verifique seus relacionamentos de primeiro e segundo graus antes do primeiro dia. Tente encontrar seus novos colegas e convidá-los para se conectar. Procure maneiras de ser útil, oportunidades de interesses compartilhados e pessoas que vocês já têm em comum, examinando dados relacionados à vida deles fora do trabalho. Descubra que faculdade eles frequentaram. Pesquise na internet e tente descobrir onde eles fazem trabalho voluntário. Explore o LinkedIn para descobrir os amigos da vida real que vocês têm em comum.

Configure um alerta do Google em https://www.google.com/alerts e espione sua empresa, seu chefe, seu CEO e até o líder de RH ou recrutador que o contratou. Fique atento às oportunidades de conversar com sua nova equipe sobre questões importantes, desafios e histórias do setor.

Todo novo emprego se torna um emprego antigo em algum momento. Os relacionamentos não apenas facilitam o trabalho; eles o tornam suportável durante os tempos difíceis. Portanto, consolide relacionamentos o mais rápido possível e seja bem recepcionado por rostos encorajadores no primeiro dia de trabalho, mesmo que tenha de encontrá-los por conta própria.

O FUTURO DO RH É INTERESSANTE DE VERDADE

Eu mostrei a você como o RH é péssimo (embora você provavelmente já soubesse disso — ou não estaria lendo este livro), mas agora estou aqui para dizer que o RH está mudando como qualquer outro setor. À medida que o trabalho muda — com a automação se infiltrando na força de trabalho, medidas de corte de custos em vigor e cada vez menos pessoas trabalhando como funcionários em tempo integral —, os deveres e as responsabilidades das pessoas que permanecem em recursos humanos vão parecer diferentes. Qual é o futuro do RH, e isso importa para você? Eu acho que sim.

Primeiramente, o futuro do RH é automatizado e digitalizado. A tecnologia vai causar confusão no departamento e, com sorte, melhorá-lo. Não há robôs vindo atrás desses trabalhos. Mas existem chatbots, algoritmos e prestadores de serviço terceirizados. A experiência será menos humana, exigindo que você trabalhe mais quando essa tecnologia falhar. E os demais profissionais de RH provavelmente vão se enquadrar em dois campos: gerentes de projetos operacionais, que fazem um pouco de tudo, desde relações com funcionários até a solução de problemas com tecnologia, e coaches, que se concentram exclusivamente em saúde organizacional e psicologia.

O primeiro papel é inteiramente tático. Quando seu holerite estiver errado ou seus benefícios precisarem ser ajustados, o futuro profissional de RH será seu suporte de nível 2 uma vez que você tiver tentado e não conseguido resolver seus próprios problemas pela internet. E eles vão estar disponíveis para conversar por vídeo ou talvez na vida real, se você estiver brigando com seu chefe.

A segunda função é estratégica. Empresas vão contratar psicólogos e analistas de dados para otimizar tudo, desde o treinamento até a saúde dos funcionários. Já vivemos em uma era de vigilância. As empresas usam programas para ler seu e-mail, observar o uso da internet e até mesmo monitorar seu telefone pessoal se você estiver conectado ao wi-fi corporativo. Portanto, não se surpreenda quando seus empregadores usarem os dados que você fornece para te fazer trabalhar quase até a morte, em nome da produtividade.

Como, então, consertar o trabalho e ser seu próprio RH em uma era de mudanças tão rápidas? Bem, quer você seja um funcionário em tempo integral ou tenha um contrato limitado com uma empresa, conduza sua vida como o líder que você nasceu para ser. Pergunte a si mesmo o que o RH tradicional costumava perguntar: quais são seus objetivos de trabalho? Por que você está aqui? Como as atividades no trabalho se encaixam na sua história de vida?

Se você não tiver boas respostas, as futuras equipes de RH e seus senhores corporativos vão comê-lo vivo.

De muitas maneiras, é melhor operar como se o futuro fosse agora. Proteja-se contra invasões em seu tempo pessoal e priorize o bem-estar para se tornar um trabalhador melhor e mais produtivo. Invista em sua educação para conquistar mais oportunidades. Conserte suas finanças para ficar menos estressado e desesperado ao aceitar um emprego. Se organizar sua vida, você vai forçar as empresas a lhe oferecer melhores oportunidades — e benefícios — se quiserem atraí-lo e mantê-lo como funcionário.

Por fim, não importa qual é o estado atual ou futuro do RH a menos que você entenda *por que* trabalha. Depois de conhecer seu propósito, é mais fácil dizer não a culturas emocionalmente voláteis e, em vez disso, dizer sim a oportunidades nas quais você pode aprender e crescer. Ser seu próprio líder de RH é a melhor e mais importante maneira de consertar o trabalho, porque tira o poder de um departamento burocrático sem atribuições consistentes e coloca a responsabilidade de ter um bom dia no trabalho — ou superar uma semana ruim no trabalho — diretamente em suas próprias mãos.

Ninguém pode fazer você trabalhar em um péssimo emprego sem o seu consentimento, nem mesmo o RH. Pare de se perguntar o que tem de errado, afinal, com o RH — como meu colega de assento no 3B — e trabalhe para se apropriar da sua experiência como funcionário, como se o RH não importasse. Porque, francamente, não importa.

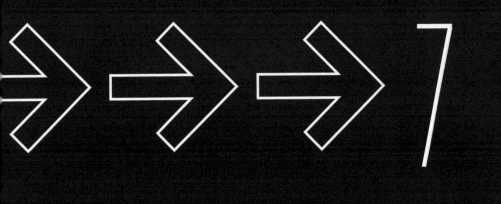

# PROCURA DE EMPREGO PARA INICIANTES

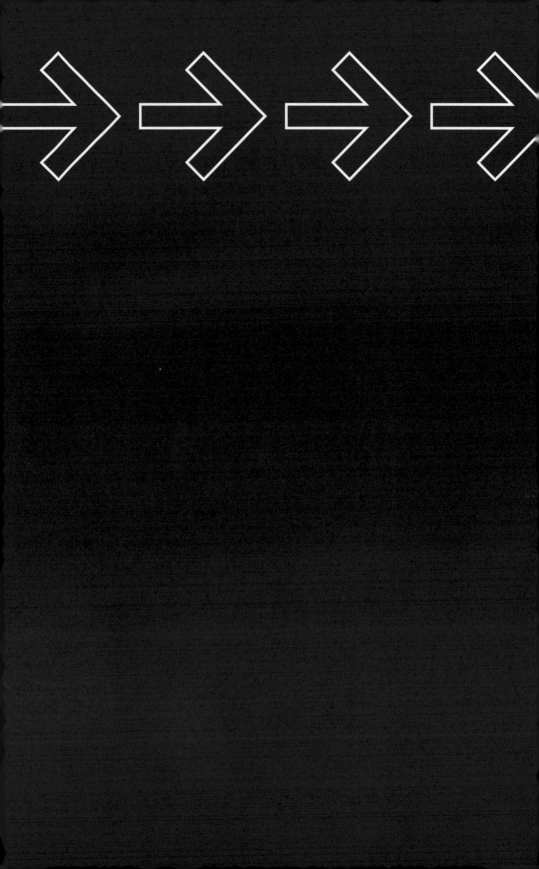

COMO SER UM ESPIÃO SECRETO EM BUSCA DE EMPREGO

Eu tenho uma teoria de que a verdade nunca é dita no período das nove às cinco.
HUNTER S. THOMPSON

Pense no que o levou a procurar seu último emprego. Você pode ter ficado com raiva. Talvez tenha sido procurado pela concorrência. Talvez fosse hora de ir embora.

Um amigo meu chamado Jake não estava procurando emprego até que sua empresa tirou sua sala e o fez sentar em um cubículo. O departamento de RH e a equipe local de instalações tomaram uma "decisão estratégica" para reduzir despesas criando uma planta em conceito aberto. Eles trocaram privacidade e luz do sol por espaços circulares sem paredes, com bancos e muitos cubículos sem divisórias para privacidade. Eles deveriam saber o que estavam fazendo. Eles *sabiam*.

O veredito é: ambientes abertos de escritório são barulhentos e perturbadores. Os trabalhadores costumam se distrair o dia todo — e você provavelmente é um deles. Pode ser que você use fones de ouvido com cancelamento de ruído para abafar o som de seus colegas de trabalho. Quando o barulho se torna excessivo, talvez você se retire para uma sala de reunião, o saguão, as escadas ou até mesmo o banheiro cheio de germes para ter um momento ininterrupto de concentração.

Jake notou os sinais de que as coisas iam piorar e pediu minha ajuda.

"Como eu faço para procurar emprego sem que me escutem? Não quero ser pego no flagra por causa do espaço aberto na empresa."

Boa pergunta. Escritórios abertos podem tornar tudo particularmente desafiador, mas, em geral, as pessoas querem saber como encontrar um novo emprego enquanto ainda têm um. É uma pergunta válida. Não é fácil realizar uma busca de emprego confidencial e manter o anonimato até o último momento. E todo mundo quer saber quanto tempo vai demorar. E se você não encontrar nada melhor?

Se você está procurando emprego, mas não pode arriscar seu emprego atual, anime-se. É assim com todo mundo. É preciso muita coragem para procurar trabalho. No mundo perfeito, os funcionários deveriam ter força para expressar quaisquer preocupações ou dúvidas à gerência, e a gerência, por sua vez, responderia para melhorar as coisas. Eles trabalhariam com seu supervisor ou com o departamento de RH para superar obstáculos e encontrar soluções que beneficiassem a todos. E eles seriam a mudança que desejam ver — consertando o trabalho, ficando por perto e acompanhando as coisas até o fim. Mas isso é pedir muito de pessoas que trabalham demais, são mal pagas e têm planos de saúde capengas.

No mundo real, os trabalhadores desistem muito antes de dar o aviso prévio de duas semanas. Eles desistem numa noite de terça-feira, quando o CEO recebe um bônus, mas todos os outros ganham um aumento por mérito de 3,2% como agradecimento por trabalhar à noite e nos fins de semana. Eles desistem numa manhã de segunda-feira, quando o fim de semana não foi longo o suficiente e a semana à frente parece desoladora. E eles desistem na copa comunitária, quando as pessoas não mantêm o local limpo nem lavam a louça que usaram.

Seja qual for o motivo, é importante lembrar que nenhum emprego dura para sempre. Quer você trabalhe como executivo ou cumim, todo mundo pede demissão. A rotatividade acontece. E apenas alguns podem procurar abertamente uma nova vaga enquanto ainda mantêm um relacionamento positivo e profissional com seu empregador. Não importa onde você trabalha. Muitas empresas vão demitir você na hora — ou pelo menos vão tornar sua vida muito mais difícil — se você for honesto sobre a procura de um novo emprego.

O setor de hospitalidade é especialmente implacável. Uma pessoa da minha família trabalhava como bartender em uma rede de restaurantes fast-casual. Cada busca de emprego era feita com uma mistura de paranoia e medo. Ela me contou que, se o supervisor dela descobrisse, iria tirar suas horas — como fez com os outros funcionários que ousaram procurar empregos mais flexíveis e com melhor remuneração.

A menos que tenha nascido rico ou disponha de recursos ilimitados (o que torna possível suportar o desemprego prolongado), você deve ser cauteloso ao se candidatar a empregos enquanto ainda estiver empregado. Mas é possível realizar uma busca de emprego com integridade para não prejudicar sua empresa — ou a si mesmo. Você pode explorar o mercado de trabalho, encontrar algo diferente e aceitar uma nova função sem todo aquele drama. Veja como.

SUA BUSCA DE EMPREGO NÃO É DA CONTA DE NINGUÉM

Nunca presuma que sua busca de emprego é confidencial. Você pode confiar em médicos, advogados e clérigos. Majoritariamente. Mas de resto todo mundo é suspeito. No momento em que abre a boca (ou um navegador no celular), você renuncia ao direito à privacidade. E, se quiser manter sua busca confidencial, conte para o menor número possível de pessoas, o que inclui seu melhor amigo no escritório.

Você pode pensar que sou paranoica e dizer: "Meus colegas me apoiam. Somos como uma família por aqui. Eles me protegem". Claro. Mas, se você é tão próximo dessas pessoas, por que está indo embora? Além disso, sua BFF do trabalho *não* vai te proteger. Amanda, da contabilidade, pode jurar que nunca vai contar a ninguém sobre suas próximas entrevistas. A verdade é que Amanda é uma mentirosa calculista e não há nada que ela adore mais que dar uma voltinha no departamento de RH e criar problemas.

E é importante ficar atento quando estiver na internet, porque Mark Zuckerberg definitivamente *não* vai te proteger. Eles estão rastreando você — empresas de tecnologia, agências de publicidade e provedores de conteúdo de todo tipo. Mesmo organizações que garantem anonimato e confidencialidade hoje podem atualizar seus termos de serviço amanhã.

Então, você deve estar se perguntando: se não pode confiar em ninguém, nem mesmo na Siri, como procurar um emprego discretamente? A resposta é entrar em contato com alguém da empresa desejada, em vez de se candidatar a vagas publicadas na internet. Isso mesmo. Torne-se analógico em um mundo digital.

Primeiro, pegue uma caneta e anote uma lista de empresas dos sonhos como se você fosse um adolescente com crushes em celebridades. Comece a sonhar em um lugar seguro e privado (por exemplo, fora do trabalho) com as empresas onde você gostaria de estar. Essas são suas crushes corporativas — as empresas em que você pensa quando fecha os olhos à noite. Talvez seja a Apple ou uma startup local. Talvez você sonhe em trabalhar para uma organização sem fins lucrativos. Seja qual for, stalkeie essa empresa como se ela fosse um garoto chamado Corey Zywicki na sua aula de ciências da oitava série.

Em seguida, faça a lição de casa e leia as avaliações sobre a empresa no Yelp, Google Reviews, Trustpilot e Angie's List.

Use a barra de pesquisa do LinkedIn para encontrar menções à empresa em postagens e grupos. Não procure apenas pistas sobre o CEO ou informações financeiras básicas que lhe permitam passar por uma entrevista. Vá para o Instagram e leia os comentários dos haters. Obtenha uma visão completa das notícias, fofocas e histórias sobre líderes ruins em blogs de ex-funcionários.

Mas, antes de fazer isso, por favor, certifique-se de estar fora do horário de trabalho e não usando o wi-fi da sua empresa!

Depois de pesquisar tudo sobre as empresas dos seus sonhos, é hora de dançar. Para muitos de nós, nunca parece certo pedir ajuda a alguém. Mas agora não é hora de ser tímido. Se você conhece *alguém* que trabalha em uma de suas empresas preferidas, entre em contato por telefone ou e-mail pessoal. Você não precisa conhecer bem essa pessoa. Talvez a tenha conhecido na igreja, na escola ou porque o filho dela joga com o seu em uma liga de futebol itinerante. Não importa. Ligue para ela, envie um e-mail ou chame-a de lado em um daqueles horríveis torneios que duram o dia inteiro. Simplesmente tente fazer uma conexão presencial.

Aqui está o segredo para formar uma conexão: leva apenas quatro minutos de bate-papo (ou uma rodada de e-mails) para saber se alguém vai ser útil. Eu inventei esse fato dos quatro minutos? Com certeza sim. Mas parece certo? Você sabe que sim. Isso porque as pessoas prestativas usam uma linguagem corporal positiva e têm um tom de voz mais caloroso. Elas fazem perguntas abertas, mesmo por e-mail. Quase imediatamente, há um convite implícito para manter a conversa.

"Pessoalmente", diz Nick Morgan, autor de *Can You Hear Me? — How to Connect with People in a Virtual World* ["Você está me ouvindo? — Como se conectar com as pessoas em um mundo virtual", em tradução livre], "decidimos de modo inconsciente, em menos de trinta segundos, se alguém que conhecemos é amigo ou inimigo, útil ou não. Na internet, o processo demora um pouco mais. Se você quiser alguma ajuda, ofereça-se para fazer algo por elas; o princípio da reciprocidade é muito poderoso na internet."

Se você receber o sinal verde, peça conselhos sobre como se candidatar e fazer, discretamente, a entrevista para um emprego na organização. Esta última parte é essencial. Tente dizer: "Na verdade não estou no mercado para uma nova posição, mas estou interessado na cultura da sua companhia e adoraria aprender mais. Existe alguém com quem eu possa falar confidencialmente?". Sabemos que nada é confidencial, mas usar a palavra *confidencial* é o lembrete verbal perfeito de que as apostas são altas. Se você não conseguir um nome, peça uma apresentação ao RH ou à equipe de recrutamento.

Se você não conhece ninguém na empresa dos seus sonhos (ou se ninguém quer ajudá-lo), está empacado como o resto de nós. Você deve entrar no jogo de se candidatar a empregos na internet, o que o expõe a um pequeno risco.

E cerca de 35% das pessoas encontram trabalho por meio de sites de empregos e portais. Mas, uma vez que você se torna parte de um processo seletivo formal, todas as apostas são encerradas no que se refere a confidencialidade e discrição.

Alguns recrutadores e profissionais de RH são desleixados. Eles dão ghosting nos candidatos — entrevistam num dia, ignoram no dia seguinte. Ou eles têm a boca grande, cometem erros e deixam escapar informações privadas na hora errada que acabam nos ouvidos do seu chefe. Nem sei dizer quantas vezes já participei de eventos em que recrutadores revelam segredos individuais obtidos em entrevistas. Esqueça as sofisticadas leis europeias de proteção de dados — precisamos de proteção contra a Christina, uma especialista local em aquisição de talentos que desabafa fatos sobre seu trabalho em eventos de networking e acidentalmente informa seu empregador atual de que você está procurando um novo trabalho. É por isso que você deve ficar atento e lembrar proativamente a todos os envolvidos — do recrutador ao profissional de contratação — que respeita e admira seu empregador atual, portanto sua busca por emprego é confidencial. Diga isso. Direto e reto.

Finalmente, se você receber uma oferta, não baixe a guarda da confidencialidade. Muita coisa pode dar errado entre o momento em que você assina uma carta de oferta e o dia em que entra no prédio e aperta a mão do seu novo chefe. Os empregadores ainda verificam as referências. Alguns fazem isso antes da oferta, mas a maioria faz depois. Nunca minta nem omita informações sobre seu histórico que possam ser encontradas em um tribunal. Quando pedirem referências, compartilhe apenas os nomes de pessoas que te dariam um rim — ou pelo menos que vão ficar quietas e te apoiar. E certifique-se de avisar a elas que as colocou como referência em seu currículo. Se você não tem essas pessoas em sua vida, comece a fazer alguns amigos antes de embarcar em uma busca de emprego confidencial.

E, se o pior acontecer e seu chefe descobrir que você estava se candidatando a outras vagas, você pode dizer: "Lamento que você tenha descoberto, mas estou curioso sobre o mercado e queria explorar. Tentei trabalhar com a equipe de entrevistas para manter o processo confidencial por respeito a você e a esta empresa. Ainda estou comprometido com este trabalho". Não há problema em se colocar em primeiro lugar. E, se sua empresa ficar brava porque você assumiu o controle da sua carreira e conduziu uma busca de emprego confidencial, cuidadosa e ponderada, ela não te merece, afinal.

PQP, QUANTO TEMPO ISSO VAI DEMORAR?

Quanto tempo vai levar para encontrar um emprego? Quem pode saber? Mas, se você não se consertar e descobrir a fonte da sua infelicidade, vai levar *mesmo* uma eternidade. Nenhuma empresa ou chefe pode fazer você feliz. Você vai ser um adulto deprimido que toma antidepressivos e se pergunta por que está cansado, pessimista, incapaz de correr pelo aeroporto sem parar uma dúzia de vezes para recuperar o fôlego. (Ok, essa era eu.)

Então, quanto tempo *você* vai levar para encontrar um emprego? A resposta honesta é que leva o tempo que for preciso. Uma busca precária por um emprego vai te dar um emprego precário — exatamente como o que você tem, com os mesmos problemas, mas com um grupo diferente de colegas. Uma vida mais gratificante, com uma atitude equilibrada em relação ao trabalho, começa quando você muda sua mentalidade e seus hábitos.

Meu coach de negócios, Jesse Itzler, é autor do livro *Living with a SEAL: 31 Days Training with the Toughest Man on the Planet* ["Vivendo com um fuzileiro naval: 31 dias treinando com o homem mais durão do planeta", em tradução livre]. Ele me ensinou que os executivos de sucesso são programados e organizados. Para pessoas assim, não há dias "zero" em que você desperdiça tempo e perde oportunidades de chegar mais perto de seus objetivos. Ao acordar, seu tempo deve ser contabilizado em um calendário. Cada momento importa, do minuto em que você acorda até o segundo em que vai para a cama. Você não precisa agendar todas as idas ao banheiro, mas seus dias devem ser planejados e intencionais.

Jesse me incentivou a desligar o celular e levar a gestão do tempo a sério. Ele recomendou um grande calendário de mesa para planejar os temas do ano, com ênfase especial nas semanas e meses em que é fácil perder muito tempo. Então ele me ensinou a visualizar e planejar cada dia por meio de rituais diários e noturnos específicos. Paguei um bom dinheiro pelo treinamento com ele, mas que bom que fiz isso, porque mudou minha vida. E aqui está uma lição que aprendi e que se aplica a você: programar seu dia é a chave para uma busca de emprego mais curta, rápida e confidencial.

Em vez de cair no buraco negro e fazer "pesquisas" duvidosas na internet, seja sistemático e objetivo. Planeje seus dias. Comece agendando períodos para coisas importantes, como fazer networking com integridade, conversar com pessoas em quem você confia sobre como se candidatar a empregos, orientar trabalhadores mais jovens e fazer trabalho voluntário em seu setor.

Em seguida, reserve um tempo específico para preencher inscrições, ler notícias do setor na internet e acompanhar seu progresso em uma planilha na qual você lista cada empresa para a qual se inscreveu e o que recebeu de volta. Faça valer o tempo que você gasta na internet. E então, quando terminar, saia da internet. Você concluiu essa tarefa. Não olhe para trás.

Precisa de mais ideias sobre como programar seu tempo e encurtar sua busca por emprego?

Os líderes são leitores vorazes e contratam pessoas como eles. Isso é chamado de efeito halo. Arranje tempo na sua semana para ler algo que não esteja na internet — seja ficção ou não ficção. A escolha é sua, não existe alternativa errada. Mesmo as histórias em quadrinhos vão lhe dar uma vantagem competitiva no processo de entrevista, tornando-o um ser humano mais atraente, com uma perspectiva diferente sobre a vida. Quando fui entrevistada para meu infeliz trabalho na Pfizer, um dos presentes falou comigo sobre arte moderna. Sou boa em conhecimentos gerais e posso falar sobre qualquer coisa, mas foi um golpe de sorte eu ter passado muito tempo dentro e ao redor de museus de arte. Ler livros e ouvir os professores falarem sobre as obras de Jeff Koons e Chuck Close me deu uma vantagem competitiva com aquele entrevistador.

Além disso, isso pode parecer contraintuitivo, mas você vai encurtar sua busca por emprego se ajudar alguém a encontrar um. A maioria das pessoas acredita ser especialista em RH porque pode formatar e editar um currículo. Não seja básico e sugira a mesma velha ajuda que qualquer um pode oferecer. Abra seu perfil do LinkedIn, conecte outros candidatos a recrutadores e líderes que foram úteis para você, ou simplesmente ouça as histórias deprimentes de outra pessoa. Conectar-se com outras pessoas desempregadas pode parecer perda de tempo, mas é outro aspecto de fazer o pré-mortem. Se você conseguir descobrir o que as outras pessoas estão fazendo de errado, pode evitar erros antes de cometê-los.

E, por último, você não pode ser um candidato legítimo a um emprego a menos que esteja com uma mentalidade calma e cuidadosa. Quando eu era gerente de contratação, sempre conseguia diferenciar os candidatos sérios dos indivíduos desesperados que passavam o dia todo sentados no porão com um computador. Candidatos sérios escolhem deliberadamente para onde enviar seus currículos. Eles não se candidatam a vários empregos em um site esperando sucesso. E eles sempre incluem uma carta de apresentação personalizada, mesmo que achem que não vou ler. Quando aparecem para a entrevista, estão no controle. Eles não balbuciam ou se perdem em pensamentos. Eles são experientes, comedidos e têm autoconsciência. Candidatos desesperados acham que o mundo está contra eles, temem ser julgados e se sentem vítimas das circunstâncias. Eles desistiram de si mesmos. Em vez de ter uma estratégia, eles improvisam. E sua procura de emprego vai levar uma eternidade se você improvisar.

Eu reconheço que procurar trabalho é uma merda. É um processo demorado que envolve muitos riscos. Só que, a menos que ganhe na loteria, você tem de entrar nesse jogo. Você pode reclamar — e Deus sabe que eu adoro reclamar —, mas também deve gerenciar suas expectativas e trabalhar duro para tornar mais fácil para alguém te contratar.

FAÇA ENTREVISTAS COMO UM CAMPEÃO

Vamos falar um pouco mais sobre a tão temida entrevista. Não adianta procurar trabalho se você não estiver preparado para enfrentar todas as entrevistas como um medalhista olímpico. Infelizmente, as pessoas falham por razões estúpidas.

Vou jogar a real: as pessoas estragam tudo porque são intelectual e emocionalmente desleixadas. Estão com medo do processo e não aprenderam a controlar suas emoções. Não conseguem fazer contato visual quando alguém fala com elas, ou suas mentes estão em outro lugar — pensando em contas, nos filhos, até mesmo na lista de compras.

Não seja como essas pessoas. Quando você falha em estar mentalmente presente, isso representa um desafio para a equipe de contratação. Seu currículo pode ser memorável e sua experiência de trabalho pode ser exatamente o que a empresa precisa, mas ninguém vai dizer sim para sua candidatura. Eles vão continuar procurando e prolongando o processo de contratação, até encontrarem alguém que amem.

Certa vez, entrevistei um jovem que apareceu para a entrevista, que era às nove, e me perguntou quanto tempo levaria, porque ele tinha de sair às nove e meia para ir trabalhar. Eu fiquei, tipo, *não quero te atrapalhar, amigo.*

E também teve a mulher que veio para uma entrevista matinal depois de acidentalmente preencher as sobrancelhas com um lápis delineador roxo em vez de marrom. Um erro que poderia acontecer com qualquer um, mas que custa caro quando você está se candidatando a um emprego em que a "atenção aos detalhes" é importante.

Ou a minha favorita: a mulher que entrou em contato pelo Skype para uma entrevista em uma salinha em seu local de trabalho e ficava levantando a cabeça para ver se os colegas a estavam observando. *Sim, caramba, eles estão te observando. Estou vendo você observá-los.* Foi tudo muito bizarro.

Para arrasar em uma entrevista e acelerar o cronograma, seja um jogador ativo no processo. Se um recrutador quiser agendar uma entrevista em um horário que não é bom para você — de manhã cedo, tarde da noite, durante sua reunião semanal de equipe —, coloque-se em primeiro lugar e diga não. Você tem escolha. Sugira horários alternativos. Do contrário, você já vai começar errado, e terá acabado antes mesmo de começar.

Em seguida, apresente-se com uma aparência agradável. Não estou pedindo que você faça uma transformação total, mas que respeite o processo o suficiente para impressionar a equipe de contratação. Sim, há um viés de beleza em nossa cultura. Sim, nossos processos de entrevista são falhos e baseados em primeiras impressões aleatórias que não se correlacionam com o sucesso. Mas você pode arrasar na entrevista vestindo o que usaria para almoçar com a Oprah. Você vestiria roupas velhas para conhecer a mulher mais rica dos Estados Unidos? Chinelos? Calças que estão gastas e mostram a roupa íntima? Eu acho que não.

Um cara de meia-idade foi entrevistado para uma vaga de gerente de atendimento ao cliente na versão mais legal do estilo Harley que eu já vi. Oferecemos a ele o cargo porque provavelmente se vestiria assim para comer um hambúrguer com a Oprah e sua melhor amiga Gayle. E, claro, já contratei muitas pessoas com camisa de golfe e calça cáqui — que é o traje-padrão elegante-profissional-casual para homens brancos em todos os lugares —, mas também selecionei indivíduos com tatuagens e piercings que pareciam fenomenais e arrasariam ao tomar um chá com a Oprah em qualquer momento.

Se você já se perguntou o que vestir para uma entrevista, é simples. Seja *você* nos seus termos. Simplesmente se arrume bem e tente impressionar a mulher mais bem-sucedida do planeta. Não vá à falência comprando acessórios caros nem finja ser outra pessoa usando marcas de luxo que você não pode pagar. Oprah respeita uma pechincha na TJ Maxx.

Escolhido o look, é hora de se concentrar. Desligue o celular, não use um relógio que emita bipes e zumbidos e deixe seu trabalho no trabalho. Já tive candidatos que leram mensagens de texto em seus relógios, me pediram para parar de falar para que pudessem atender uma ligação porque era o chefe deles ou me chamaram pelo nome errado porque estavam pensando no último e-mail que tinham recebido. Eles estavam nervosos? Claro. Mas eles poderiam se preparar de forma mais eficaz? Com certeza. Coloque seu corpo e sua mente onde seu coração já está — seu futuro com um novo emprego.

Por fim, dê a última cartada pedindo feedback antes de sair pela porta. Minhas perguntas favoritas a serem feitas: "Você tem algum feedback para mim sobre esta entrevista? Há alguma outra pergunta que você gostaria de fazer antes de eu sair? Qualquer coisa que cause preocupação?". Coloque tudo na mesa. Seja corajoso. E então cale a boca. Deixe-os dizer que não gostam da lacuna em seu currículo, de seu histórico profissional ou da falta de um MBA. Se você já fez um pré-mortem da sua vida em algum momento, já conhece a deficiência e está preparado para abordá-la.

E, por favor, não me canso de falar, não pergunte quando você terá retorno. Isso te coloca em uma posição de fraqueza. Em vez disso, arrase na entrevista perguntando *como* e *quando* você pode acompanhar o processo. Seja específico. Ouça com atenção a resposta. Se não houver um cronograma, pressione gentilmente e informe que vai ligar ou enviar um e-mail dentro de uma semana. Se houver uma linha do tempo, isso é fantástico.

Repita-a. Reconheça-a. Concordem sobre ela e apertem as mãos. Faça contato visual enquanto isso para que o respeitem. Faça o follow-up no mesmo dia com uma nota de agradecimento.

Se a equipe de recrutamento ou o gerente de contratação não cumprir o compromisso com você, faça o acompanhamento três vezes, com um intervalo de seis dias entre cada interação. Se ainda não tiver retorno, deixe para lá. Por que seis dias? É menos de uma semana, permite um fim de semana e fornece um roteiro mental das semanas seguintes. Mais importante, também permite que você deixe as coisas para trás.

O objetivo de uma entrevista é facilitar a sua contratação. Esteja presente emocional e fisicamente. Vista sua melhor roupa da Oprah. Traga todo o seu ser para a conversa. Peça feedback. É assim que você arrasa nesse processo e termina recebendo uma oferta de emprego. Todo o resto é perda de tempo.

ESPERAR É A PARTE MAIS DIFÍCIL

Acredito que existem dois tipos de candidatos: os espertos e os molengas. Os candidatos *espertos* entendem que o mundo é uma mistura de bem e mal, harmonia e caos, certo e errado. Eles sabem que a vida nos dá umas boladas, então não ficam parados, tornando-se alvos. Em vez disso, eles aprendem o jogo e tentam jogar.

Os candidatos *molengas* acreditam que o mundo é uma mistura de bom e ruim — não por causa da física ou da psicologia evolutiva, mas por causa de algo que fizeram ou deixaram de fazer em suas vidas. O mundo é delicioso ou é horrível. Quando a vida lhes dá uma bolada, não aprendem a pegar a bola ou sair do caminho. Eles são acertados na cara e vão embora com dois olhos roxos, enquanto falam sobre sua infância destruída.

Se você for como eu, já foi tanto *esperto* como *molenga* em diferentes fases da vida. Você foi molenga com seus sogros, mas ficou esperto quando percebeu que não havia como apaziguar pessoas que nunca vão gostar de você. Você foi molenga com um amigo insistente que não entendia limites, mas esperto com a pessoa seguinte que testou sua paciência.

Acabou o tempo de ser molenga, principalmente na hora de procurar trabalho e esperar o resultado de uma entrevista. Quando parece que você não tem muitas oportunidades e a vida te decepcionou, só existe uma opção: seguir em frente.

Talvez você fique fazendo entrevistas de emprego e nunca tenha respostas. Talvez tenha usado sua melhor roupa da Oprah e impressionado demais uma equipe que, desde então, simplesmente desapareceu. Talvez tenha começado a trabalhar como freelancer na economia gig, mas ninguém esteja respondendo às suas propostas. Você pode ser *molenga* e se perguntar por que isso continua acontecendo com você, ou pode ser *esperto* e ficar de olho no que vem a seguir.

Ser esperto significa admitir que você não tem controle sobre situações externas — entrevistas, discussões, negociações —, mas ainda mantém o controle sobre suas atitudes, sentimentos, crenças e gastos. Também significa manter os eventos atuais em perspectiva e não mergulhar no passado nem avançar para o futuro para extrair significado das coisas que estão acontecendo hoje.

Ser esperto exige que você seja corajoso e criativo, como meu amigo Damian, que estava tão nervoso com a procura de emprego que se candidatou de propósito a uma vaga *que tinha certeza de que conseguiria, mas nunca aceitaria*, só para praticar como era participar de uma entrevista, cometer erros e ter sucesso.

Leia isso de novo. Damian procurou um emprego que lhe seria oferecido, mas nunca aceitaria, para poder praticar entrevistas. Você também pode fazer isso. Dirija-se a um varejista ou restaurante local, candidate-se a um emprego que você não aceitaria nem em um milhão de anos e pratique ser entrevistado.

Caramba, vá se candidatar a vagas em uma grande empresa. Quando receber a oferta, comemore, mas recuse.

Os candidatos molengas permanecem com sua dor e sua dúvida porque é mais fácil que confrontar seus medos e planejar. Meu amigo Arjun me ligou depois de uma série de entrevistas e disse que se sentia *incontratável*. Ele queria saber se havia algo nele que o tornava um perdedor. O fracasso estava em seu DNA? Outras pessoas podiam perceber sua síndrome de impostor?

Essas são questões a serem exploradas com um terapeuta, não um coach de carreira, mas afirmo que ninguém deveria se sentir assim em relação a si mesmo. Os sentimentos molengas de desespero e depressão têm a tendência de se tornar um novo normal se você não os encarar de frente com as ferramentas e os recursos adequados. Busque uma terapia e aconselhamento. Isso pode ajudar.

Os candidatos molengas também são mestres da autossabotagem. Minha amiga Marie tentou se convencer a manter um emprego que odiava porque ninguém ligou de volta depois de uma dezena de entrevistas. Não tenho PhD em psicologia, então não sei por que ela se submeteu a essa tortura e depois desistiu. Mas estou feliz que ela finalmente tenha me ligado pedindo ajuda.

Marie e eu fizemos a engenharia reversa da busca de emprego dela, e assim descobri que ela presumia que a maioria dos empregos era terrível e ela sofreria algum tipo de preconceito. Os entrevistadores sabem dizer quando você é molenga, supõe más intenções e não sente entusiasmo pelo trabalho.

Esperto ou molenga, a espera durante uma busca de emprego é a parte mais difícil para todos. Muita ruminação mental acontece enquanto você está à toa, preso em um ciclo de feedback negativo e inventando histórias sobre os motivos de você ser péssimo. A probabilidade de rejeição é alta, no entanto você é como todo mundo, procurando emprego e mantendo a esperança. Você pode se perguntar: é pior ser rejeitado para um emprego imediatamente ou não receber nenhuma resposta?

Eu acredito que rejeição é rejeição — seja na forma de e-mail, carta ou silêncio. Mas você está prestando um desserviço a si mesmo ao ficar sentado em seu emprego atual apertando F5 em sua caixa de entrada. Se te oferecerem um emprego, você vai saber. Seu futuro empregador não vai apenas enviar um e-mail. Ele vai ligar, enviar uma mensagem de texto e provavelmente te cobrir com um monte de brindes da empresa. Se não conseguirem te encontrar, vão disparar sinalizadores e enviar uma equipe de busca.

As pessoas espertas sabem disso.

Elas vão a entrevistas, dão o melhor de si e mantêm as coisas em perspectiva. Elas consertam o trabalho consertando a si mesmas. A parte difícil acabou. Elas arriscaram e fizeram uma aposta. Pessoas espertas não estão desesperadas por um emprego porque já consertaram suas finanças, agiram como seu próprio agente de talentos e se prepararam para a rejeição. Pessoas espertas fazem o trabalho de ser adultos emocionalmente calibrados com vidas fora do trabalho, continuar a aprender, explorar novas ideias fora de suas carreiras e permanecer cautelosas para não ficar muito entusiasmadas com coisas que não podem controlar. As pessoas espertas são molengas e vulneráveis como o resto de nós, mas se recuperam mais rápido porque têm perspectiva e vivem no presente — com amigos, familiares, colegas, vizinhos e até mesmo animais que dependem delas para ter foco e equilíbrio emocional.

Pessoas molengas podem ficar espertas adotando as ferramentas e os conselhos contidos neste livro. Aprenda com os erros do passado usando um pré-mortem, crie um orçamento para nunca ficar desesperado por renda e analise a rejeição pelo que é — uma aposta que não valeu a pena — e pelo que não é — uma acusação abrangente sobre você como ser humano.

Vivemos em uma cultura obcecada pelo trabalho, em que é fácil confundir seu valor como ser humano com seu emprego. Estou aqui para dizer que seu valor como cidadão deste planeta não tem nada a ver com a sua carreira. Você é importante desde que seja gentil, prestativo e empático. Você faz a diferença porque se preocupa com seus vizinhos e amigos. E não há nada a ganhar se martirizando porque não conseguiu um emprego. É apenas um trabalho. Importa, mas não importa. Siga em frente. Dê o passo seguinte.

Esperar é um saco. Ser rejeitado também. Sempre vai ser assim. Mas não piore as coisas sendo cruel consigo mesmo por uma situação que não pode controlar. Você é muito mais esperto que isso.

UMA OFERTA DE TRABALHO: A FRONTEIRA FINAL

Se você é uma das pessoas sortudas que conduzem com sucesso uma busca confidencial de emprego enquanto trabalha em período integral em outro lugar e recebe uma oferta, parabéns! Você navegou por um complexo labirinto de drama e emoções. Você merece mais que um novo emprego. Você merece um PhD em psicologia do trabalho. E agora que tem uma oferta em mãos, você tem três opções: aceitar sem negociar, negociar ao extremo ou rejeitar.

Vamos começar do começo. Por que você aceitaria a oferta sem negociar? Bem, porque é boa. Você confia na empresa e ela te deu tudo o que pediu. Vocês estão felizes. É isso. Fim da história. Boa sorte com sua nova função.

Por que negociar? Veja bem, há pessoas por aí que dizem para você negociar tudo. Você nunca deve deixar dinheiro na mesa e deve sempre negociar algo a mais — mesmo que seja apenas um dia extra de folga remunerada.

Certa vez, participei de um painel com uma coach executiva chamada Ching Valdezco. Ela é uma executiva que ajuda profissionais a se comunicarem, falarem e influenciarem com mais eficiência. Ching ficou indignada com a quantidade de dinheiro que mulheres e pessoas negras deixam na mesa durante as negociações salariais e incentivou os participantes a superar o medo de pedir adotando um sentimento de merecimento profissional.

Era uma perspectiva saída diretamente de uma sala de reuniões na cidade de Nova York ou no Vale do Silício: você trabalha duro. Você é um líder, um lutador e um campeão. Administre sua vida como um negócio. Lute pelo que é seu.

Depois de ouvir Ching, fiquei inspirada a pedir mais. (Pena que eu seja minha própria chefe.)

Negociar uma oferta de emprego é uma das coisas mais assustadoras que você pode fazer, mas também uma das mais gratificantes quando se trata de desenvolvimento pessoal. O medo de pedir mais é o de que alguém diga não, mas, se você não pedir, ninguém poderá dizer sim.

Existem cenários em que você não vai receber um centavo a mais do que o oferecido no papel. Algumas empresas lhe darão uma oferta oficial e dirão que é a *primeira*, a *melhor* e a última oferta. Isso porque as empresas estão tentando eliminar a desigualdade racial e de gênero. Um emprego tem o salário que tem porque foi pesquisado e integrado a uma filosofia de remuneração de toda a companhia. Se eles negociarem, isso pode fazer todo o sistema retroceder e reintroduzir a desigualdade salarial.

Muitos coaches executivos dirão que uma primeira, melhor e última oferta é uma mentira. Eles vão incentivar você a pedir mais. Mas acho que vale a pena investigar seu potencial empregador no Glassdoor, no Kununu, no Reddit ou até no Fairygodboss. Pesquise e faça perguntas sobre o processo, a intenção e até mesmo a filosofia de remuneração da empresa. Obtenha informações privilegiadas antes de tentar negociar sua remuneração ou bônus.

Finalmente, por que você rejeitaria uma oferta? Bem, só porque você foi entrevistado para um emprego não significa que tenha de aceitá-lo. Talvez você o estivesse usando para ganhar uma vantagem com seu empregador atual, ou talvez tenha aprendido algo sobre a empresa durante o processo de contratação que te fez parar para pensar. Você pode até ter descoberto algo sobre si mesmo durante o processo e mudado de rumo.

Você nunca deve aceitar um emprego se souber que a atmosfera é tóxica. Você nunca vai ganhar o suficiente para compensar o peso emocional na cabeça e no coração. Da mesma forma, nunca aceite uma oferta de uma empresa que não esteja alinhada com seus valores. É fácil racionalizar e fingir que os valores não importam, mas importam. Eles podem pedir que você produza um trabalho em nome de uma pessoa ou de uma causa que não esteja alinhada com suas crenças. E você não deve aceitar um emprego que te faça se sentir rebaixado, degradado ou explorado. Sua humanidade está no centro de tudo que você faz. Se uma empresa não enxerga seu valor intrínseco agora, ela não o enxergará. Nunca.

Mas a boa notícia é que as ofertas de emprego quase sempre são positivas.

Lembra do meu amigo Jake do começo do capítulo? Aquele que procurou um novo emprego quando tiraram a sala dele? Ele fez entrevistas em meia dúzia de empresas e desistiu de outras três quando viu pessoas trabalhando em cubículos. Quando finalmente recebeu uma oferta, foi para uma vaga e um cargo semelhantes e sem aumento. Mas ele conseguiu sua sala. E quer saber o que é ainda melhor? Ele negociou o compromisso de manter o escritório por pelo menos dois anos. Se o prédio passasse por reformas e fosse convertido em um escritório aberto, eles encontrariam outro lugar para ele se sentar com quatro paredes e uma porta. Se Jake conseguiu um novo emprego com a garantia de manter sua sala por 24 meses, o que você pode conseguir?

QUANDO TERMINA A TORTURA DE PROCURAR EMPREGO?

Existem especialistas em carreira por aí que dirão para você "estar sempre procurando" trabalho. Eu acho que é um conselho cansativo e chato. Ignore isso.

Minha opinião honesta é "estar sempre vivendo". Arrisque-se, tente aprender (pelo menos um pouco) a cada dia e sempre cresça com seus erros. Administre seu dinheiro, seja um defensor de si mesmo e domine os pormenores de ser rejeitado.

Viver bem a vida é a *melhor* maneira de conseguir um emprego. Esteja aberto a oportunidades, mostre-se disponível para conversar se parecer certo e seja útil quando alguém precisar de um trabalho. Não seja a pessoa em uma busca perpétua de emprego. Você vai ficar exausto e molenga. Em vez disso, faça conexões reais. Seja alguém que se importa com os outros e com quem vale a pena se importar. Essa é, realmente, a única maneira de passar por esta vida com alguma esperança de felicidade.

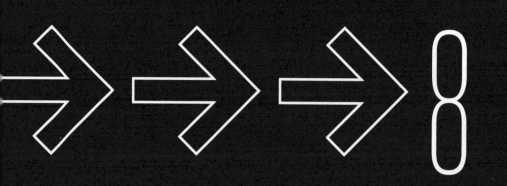

# HORA DE IR EMBORA

SAIA COM DIGNIDADE E DINHEIRO NO BOLSO

*Não estou fugindo,
estou seguindo em frente.*
IRVINE WELSH

Meus pais baby boomers me ensinaram desde muito jovem que você só larga seu emprego quando tem outro em vista. Essa era uma regra sem exceções. A cultura do seu local de trabalho é tóxica? Seu chefe pisou nos seus sonhos? Mesmo que seja o pior emprego do planeta, você não desiste. Meu pai acreditava que o trabalho não existe para te fazer feliz — existe para colocar comida na mesa e pagar suas contas. Minha mãe dizia que não chamam de trabalho porque é divertido, chamam de trabalho porque é difícil.

Todos esses anos depois, ainda carrego seus conselhos no meu âmago.

Recentemente, trabalhei com um cliente no Vale do Silício que me pediu para passar um tempo com a equipe de RH e auxiliar em um importante projeto de transformação. A sede corporativa era um escritório de conceito aberto com bancadas que parecia um hangar de aviões. Muitos dos funcionários evitavam a área e faziam reuniões em cafés e restaurantes para realmente conseguir fazer as coisas.

Meu assento era de frente para a VP de comunicações, que claramente mostrava sinais de estar emocionalmente desengajada de seu trabalho. Ninguém trabalhava tanto quanto ela, mas também era claro que nada a fazia feliz. Sempre havia obstáculos, nunca oportunidades. E ela era uma acumuladora e mantinha doze pares de sapatos debaixo da mesa. Tamancos. Botas de cano alto. Sapatilhas. Tênis. Sandálias de tiras. Scarpins. Anabelas. Peep toes. Galochas. Espadrilles. Chinelos. Botas de cano baixo. Quase não havia espaço em sua estação de trabalho para seus pés. Sempre que eu me levantava da mesa para tomar café, ela usava minha ausência como uma oportunidade para enfiar os sapatos no meu espaço de trabalho. Eu voltava da cozinha e tinha de empurrar os sapatos dela de volta por baixo da divisória. Nós jogamos esse jogo por semanas.

E, embora ela tivesse todos os pares de sapatos da Zappos embaixo da mesa, essa VP parecia sempre deixar o cabo de alimentação do notebook em casa. Quando eu saía para almoçar, ela pegava meu carregador e o conectava ao notebook dela. Uma vez, em uma sexta-feira, ela saiu do trabalho e levou esse carregador para casa. Com o passar das semanas, a senhora dos sapatos ficou cada vez mais agitada. Às vezes, quando ninguém estava por perto exceto nós duas, ela cantava trechos de musicais enquanto lia e-mails. Em outras ocasiões, ela me interrompia enquanto eu estava em teleconferências para fazer perguntas totalmente sem importância.

Tentei estabelecer uma trégua dando a ela um presente. Comprei um livro, coloquei em uma charmosa sacola e dei a ela em uma sexta-feira antes de um fim de semana prolongado. Ela desembrulhou o livro e disse: "Uau. Outro livro de negócios para ficar na pilha de livros de negócios não lidos que nunca vou ler". A trégua acabou antes de começar.

Fiquei tão surpresa que quase desisti daquele cliente na hora. Não voei para Tijuana e deixei meu emprego corporativo de RH na Pfizer para trabalhar com outra mulher tensa e ansiosa. Mas havia outra voz na minha cabeça — a voz dos meus pais — que me dizia que eu não poderia desistir desse trabalho de consultoria até que tivesse outro em vista.

Em vez de desistir, balancei a cabeça e desejei a ela tudo de bom, de coração. Nós trocamos sapatos por mais algumas semanas até que meu contrato de consultoria acabou. Então descontei meu cheque final e segui o meu caminho.

Meus pais estavam certos sobre não deixar um emprego antes de ter um emprego? Depende. No geral, eles tinham boas intenções, assim como outros pais antes deles. A carreira do meu pai na companhia telefônica nunca foi gratificante, então seu conselho veio de um lugar de dor. E minha mãe só tinha um diploma do supletivo. Por capricho, ela fez o exame de oficial de polícia de Chicago. Quando ela foi admitida na academia, não conseguíamos acreditar. Ninguém pensou que ela poderia fazer isso — exceto *ela mesma*. Minha mãe estudou muito, aprendeu os meandros do trabalho policial e se esforçou para atender aos requisitos físicos do cargo. Ela atuou no turno da noite como agente de patrulha por uma década, mas deixou o emprego e nunca mais trabalhou.

Agora, odiar seu emprego não é o mesmo que não ter ética de trabalho. Meus pais trabalharam duro. Meu pai tinha de pagar pensão alimentícia e caminhava quilômetros até a estação de trem para poder se deslocar até a cidade de Chicago — para um emprego que parecia odiar — e sustentar nossa família. Minha mãe trabalhava no turno da meia-noite enquanto criava os filhos e administrava as implicações políticas de ser policial.

Mas o trabalho os esgotou, e acho que eles nunca encontraram seu ritmo enquanto adultos. Eu me pergunto: por que tinha de ser assim, caramba? Por que eles não se demitiram e seguiram seus sonhos? Por que *você* não se demite?

Veja bem, eu sei por que você não vai embora. Já ouvi isso antes. Você não tem coragem. Você tem medo da mudança.

Você sofre da síndrome do impostor. Você se sente culpado por deixar seus colegas para trás.

Tudo isso pode ser verdade e você ainda pode largar seu emprego. Talvez não hoje. Mas algum dia. E você pode começar a planejar agora.

PARE DE RECLAMAR

Nada é mais satisfatório do que largar um emprego ruim. Não vou mentir: é ótimo entregar uma carta de demissão e contar os dias no calendário do celular. Mas, se você não pode largar seu emprego neste instante, pode largar *outras* coisas que te levaram a esse emprego ruim.

No início da minha carreira de coach, uma mulher chamada Helen entrou em contato comigo. Ela odiava tudo em seu emprego, mas não podia se dar ao luxo de sair sem outra oportunidade alinhada. É um dilema comum. Muitas pessoas têm desafios financeiros, e o novo emprego deve pagar exatamente a mesma quantia ou mais. Nem um centavo a menos. Helen não podia pagar pelo coaching de carreira, mas queria conselhos gratuitos sobre como encontrar outro emprego — rápido.

Eu disse a ela: "O mercado de trabalho sempre favorece candidatos sérios e específicos em relação a seus interesses profissionais. Se você quer um emprego que pague bem, vai precisar trabalhar com alguém para explorar como você conseguiu seu emprego ruim em primeiro lugar".

"Você não parece ser muito boa em coaching de carreira", respondeu Helen.

Tentei encerrar a conversa dizendo a Helen que fazer terapia e aprender estratégias de solução de problemas provavelmente eram as melhores maneiras de resolver problemas profissionais, mas ela me interrompeu. "Estou estressada e cansada. Ninguém me ouve. Ninguém me ajuda. Eu só quero largar o emprego e fazer uma pausa."

Infelizmente para Helen, não havia cavalaria chegando nem uma resposta fácil para apaziguar suas preocupações. A única pessoa que poderia dar permissão a Helen para desacelerar, sentar com seu desconforto no trabalho e descobrir exatamente o que havia de errado com ele antes de passar para o próximo era ela mesma. E ela não tinha paciência para fazer isso.

O perfil de Helen no LinkedIn não é atualizado há alguns anos. Seu histórico de trabalho termina com aquele emprego ruim. Honestamente, não estou surpresa. Ela pensou que "colocar-se em primeiro lugar" significava se demitir, mas isso está errado. Colocar-se em primeiro lugar significa saber por que as coisas estão dando errado e elaborar uma estratégia para mudar isso — profissionalmente, pessoalmente, financeiramente e emocionalmente.

Sair de um emprego ruim sem um plano raramente resolve alguma coisa. Você fica com uma mancha no seu currículo. Os empregadores querem saber por que você deixou seu último emprego. E você não pode pedir a seus ex-colegas que sejam desonestos. Além disso, as pessoas não mentem muito bem. É por isso que nunca digo a alguém que não há problema em largar um emprego sem outro na fila. Simplesmente não está no meu DNA. Em vez disso, continue trabalhando enquanto conduz uma busca rápida de emprego (conforme descrito no capítulo 7) e explore sua própria responsabilidade por ter um emprego ruim em primeiro lugar.

Se você está se sentindo estressado, trabalhe menos horas. Seja um preguiçoso. Ninguém vai notar. É contraintuitivo, mas, quanto mais tempo você passa em sua mesa ou em reuniões, menor a probabilidade de ser produtivo. Ninguém nunca se sentiu melhor lendo mais um e-mail ou respondendo mais uma pergunta em uma videoconferência em grupo. Aprenda a dizer não, estabeleça limites e agende tempo para trabalho administrativo, trabalho criativo, trabalho em projetos e tempo de inatividade para descansar o cérebro. Levante-se e saia para almoçar. Não há razão para você comer aquele sanduíche de peito de peru com salada na sua mesa.

Se estiver se sentindo agressivo e querendo brigar, saia mais cedo e vá se exercitar. Não agrida a si mesmo ou a um colega. Bata em um saco de pancadas. Dê uma espairecida e faça uma pausa do que quer que esteja te incomodando. Se está preocupado com a possibilidade de trabalhar menos e ter problemas, abandone essas longas horas e desafie-os a demiti-lo de um jeito elegante. Afaste-se do trabalho e abrace sua saúde emocional. Ninguém é demitido por dormir mais e ser mais feliz; pessoas são demitidas por serem idiotas.

Como temos praticado, você deve consertar o que está errado na sua vida antes de tentar consertar o trabalho pedindo demissão.

Mesmo se você tiver dinheiro reservado para cobrir um período prolongado sem trabalho, mantenha seu emprego até encontrar um novo. Muitas funções estão sendo automatizadas e digitalizadas. O emprego que você largou hoje pode não existir mais daqui a dois anos. Suas habilidades podem se tornar obsoletas durante sua busca por emprego, e os empregadores em potencial não podem confiar que você está atualizado e aprendendo coisas novas como faria se estivesse empregado e imerso em programas de treinamento ou plataformas de gerenciamento.

Muitas pessoas deixam o emprego e se veem perdidas na economia gig, assumindo trabalhos freelance ou aceitando contratos temporários na esperança de se tornar permanentes. Seja qual for o caso, a maior parte das pessoas não tem um plano de negócios para sua vida. Elas deixam um emprego pelos motivos certos e com as melhores intenções, mas continuam se sentindo tão perdidas e desamparadas quanto no dia em que pediram demissão. É por isso que é tão importante ter a próxima coisa alinhada antes de sair.

Se ainda não o fez, aqui estão alguns hábitos que sugiro que você abandone em vez do seu trabalho.

Pare de improvisar com suas finanças. Você não pode dizer ao seu chefe para pegar sua vaga e enfiá-la naquele lugar se estiver falido. Construa riqueza para poder ser mais seletivo quanto ao seu próximo trabalho.

Pare de fazer uma busca de emprego meia-boca. Entre de cabeça nessa busca, baby. E saia quando conseguir um emprego na empresa dos seus sonhos.

Pare de se sentir apegado a uma empresa e a um grupo de pessoas que não são sua família e nunca vão retribuir seu amor. Passamos grande parte da nossa vida no trabalho, o que já é bastante problemático, então estabeleça limites para sua atenção. Em vez de ficar obcecado com as fofocas do ambiente profissional, fique obcecado consigo mesmo e suas necessidades individuais. Se isso parece frescura, fique obcecado com as pessoas em casa que sentem sua falta quando está fora trabalhando.

Pare de ceder ao turbilhão emocional em sua cabeça e em seu coração. Você não é um prisioneiro, é um funcionário. Use as ferramentas que lhe dei para antecipar o que pode acontecer se você largar seu emprego sem outro na fila. Ligue para o programa de assistência ao funcionário, converse com alguém em quem confia ou faça terapia. Conserte-se.

Pare de inventar desculpas que o mantém preso em um trabalho que suga sua alma. As circunstâncias da vida podem ser cruéis, mas você não precisa ser cúmplice da brutalidade. Entenda por que você continua cometendo os mesmos erros em sua carreira e resolva-os.

Por fim, pare de reclamar.

Se eu acho que você deveria largar seu emprego estressante, insatisfatório ou miserável? Claro. Em algum momento. Mas espere até que você tenha outro emprego e trabalhe em si mesmo enquanto isso. Todos os trabalhos são tóxicos se você sair sem abordar o que está errado, para começar.

SEJA OUSADO E PEÇA UMA INDENIZAÇÃO[21]

Aqui está um segredo do RH que a maioria de nós nunca admitiria em voz alta: vamos pagar quase qualquer um para deixar a empresa, desde que assine um termo de renúncia declarando que não vai entrar com um processo. É isso mesmo — nós vamos te dar dinheiro a mais quando você sair se você pedir e prometer não envolver um advogado no futuro.

Agora, isso não deve ser confundido com empresas de tecnologia e varejistas proeminentes que oferecem um "bônus de saída", que paga aos trabalhadores para sair após os primeiros trinta dias, caso não dê certo. Por exemplo, a varejista norte-americana Zappos preenche um cheque para os funcionários se eles levantarem a mão e disserem: "Não, cara, isso não é pra mim".

Eu amo esses bônus de saída. Acho que é uma boa ideia pagar a alguém para ir embora depois de três semanas, três meses ou três anos. A rotatividade é saudável e cria oportunidades para uma organização crescer, conquistando novas pessoas, novas ideias e energia positiva. Os bônus de saída impulsionam o crescimento, incentivando os funcionários a sair quando não sentem mais que estão contribuindo. Eles são ótimos. Mas não é disso que estou realmente falando.

O que estou discutindo é a indenização: dinheiro pago a um funcionário quando ele é demitido. Mas as indenizações não são apenas para pessoas que são despedidas em uma reestruturação empresarial. Dependendo das políticas da sua empresa, você pode se qualificar para uma indenização se deixar a organização por conta própria. Você só precisa pedir.

Você já se perguntou por que sua VP de marketing com baixo desempenho permanece na área apesar dos números ruins? É porque ela está esperando para ser demitida. Mesmo que esteja infeliz e mal consiga sair da cama de manhã, ela não vai a lugar nenhum. Ela vai dirigir o carro da empresa até o escritório, ficar de mau humor em sua cadeira Herman Miller e esperar que alguém acima dela tome uma decisão estratégica sobre seu futuro, porque é assim que está escrito em seu contrato. Ela negociou o valor de um ano de seu salário ao sair e está esperando que o CEO a chame e diga: "Acabou". Eles vão pagar para ela ir embora.

Isso nunca vai acontecer com você. Mas há outra opção: *peça uma indenização antes de pedir demissão*. Se você esteve conduzindo uma busca confidencial de emprego, como descrevi no capítulo anterior, ninguém sabe que está procurando trabalho e tem uma nova função na fila. Use essa discrição a seu favor como minha cliente Tamara, que encontrou um emprego fenomenal que pagava 20% a mais que o seu salário atual.

Ela não escreveu uma carta de demissão imediatamente. Ela sabia que seu VP de vendas tinha sido substituído recentemente e a empresa tinha reestruturado todo o departamento de vendas e marketing. Então ela pegou o manual da empresa e examinou a política referente a demissões.

A empresa de Tamara tinha um plano básico de indenização para qualquer pessoa cujo emprego fosse eliminado: dez semanas de pagamento mais duas semanas para cada ano de serviço. Embora não houvesse demissões iminentes na sua equipe, Tamara achava que, quando saísse, eles não a substituiriam por outra pessoa do mesmo nível. Seu chefe era medíocre. Seu departamento sempre foi subfinanciado. Ela pensou que eles poderiam tentar fazer o resto da equipe absorver suas funções ou contratar uma pessoa de nível júnior para ocupar seu lugar.

Ela arriscou e apostou em si mesma. Em vez de pedir demissão, marcou uma reunião com o chefe, pediu e recebeu um pacote de indenização. Tamara leu as políticas da empresa e elaborou um roteiro para si mesma que soava mais ou menos assim: "Ei, chefe, quero falar com você sobre minha função. Adorei trabalhar para esta empresa, mas parece que meu tempo aqui está chegando ao fim. Quando fui contratada, as obrigações do trabalho exigiam que eu fizesse algumas coisas específicas. Meu escopo mudou e estou fazendo algo diferente agora. Você entende como me sinto?".

Então ela ficou quieta e ouviu seu chefe explicar que estava de mãos atadas. Ele poderia falar com o RH, mas a empresa não estava realmente em posição de mudar seu cargo ou salário. Tamara permaneceu calma e confiante. Ela continuou: "Entendo. O trabalho que estou fazendo agora não é o trabalho para o qual você me contratou. Agradeço a oportunidade, mas quero conversar com você sobre outra opção: sair com um plano. Pode levar uma semana para eu encontrar um emprego, mas pode levar um ano. Quero trabalhar com você e com o RH para encontrar uma solução em que todos sejam beneficiados e que inclua sair de acordo com os termos e condições do nosso programa de indenização. Você participaria comigo dessa reunião? Já reservei um horário na agenda do RH para hoje mais tarde".

Tamara leu o rosto de seu chefe — ele parecia surpreso, sentindo-se enganado e um pouco irritado. Mas ele também mal podia esperar para tirá-la de seu escritório e correr para o RH. O chefe concordou com a reunião com o departamento de recursos humanos e Tamara se preparou para três opções: ser demitida imediatamente (o que não era um problema, porque ela tinha outro emprego em vista), receber a oferta de uma função diferente na empresa (que ela recusaria) ou receber uma indenização. Demorou um dia. Foi oferecido a Tamara um plano de indenização. Sua data de saída era na semana seguinte, o que era o timing perfeito para seu novo emprego. Ela saiu com dezoito semanas de indenização para um novo emprego com um cargo e um salário melhores.

Veja, essa é a história de Tamara. E muitos profissionais de RH preferem que você não negocie uma indenização na saída. Eles diriam que é arriscado e podem fazer você ser escoltado para fora do prédio no ato. Mas, se você tem outro emprego em vista e quer arriscar, há lições para você nessa história.

Coloque-se em primeiro lugar e peça.

Uma de minhas clientes de coaching descobriu que seu CEO estava tendo um caso com a secretária dele, o que é o pior clichê de todos os tempos. (Por que os CEOs não podem transar com alguém do setor de compras? Ou quem sabe não ter nenhum relacionamento com funcionários?) Minha cliente ficou chateada e enojada, então ela foi até o chefe e disse: "Eu não vou mais trabalhar aqui porque o CEO não está vivendo os valores da empresa. Vamos facilitar para todos enquadrando esta saída como uma redundância. Eu assino qualquer papelada que seja necessária".

A indenização funcionou bem para ambas as partes. A empresa conseguiu evitar um constrangimento geral e minha cliente conseguiu seguir em frente com sua vida enquanto ainda pagava suas contas.

Outra cliente trabalhava para uma empresa que era tão tóxica que notícias sobre ela foram publicadas em três grandes jornais dos EUA no mesmo dia. Minha cliente não suportava ter sua marca pessoal associada à reputação manchada da empresa, então conduziu uma busca supersecreta de emprego e encontrou um novo cargo. Ela me ligou quando estava prestes a enviar a carta de demissão para o departamento de RH, e eu gritei "NÃOOOOOOOOOOOOOOOO" no telefone.

Mais uma vez, esse é o meu ótimo estilo de coach. Minha intuição é incrível.

Você nunca deve deixar um emprego sem pedir indenização, *especialmente* quando sua empresa está no noticiário por péssimo comportamento empresarial. Eles vão oferecer indenização porque querem que você se sinta bem ao sair. Brincadeira, é porque eles não querem que você conte a alguém onde os corpos estão enterrados.

Simplesmente peça a indenização. Sempre. Os departamentos de RH vão ficar sem graça, mas, como em tudo, você nunca vai ter o que não pedir. Os executivos colocam um "paraquedas de ouro" em seus contratos de trabalho. Por que você não deveria fazer o mesmo?

Encontre um advogado trabalhista para ajudá-lo com a linguagem do seu roteiro, pratique com amigos e prepare-se para alguns resultados — você vai ser pago, eles vão recusar ou você vai ser escolhido para fora do escritório por pedir. Mas quem se importa se eles te jogarem na calçada quando você já tem outro trabalho em vista? O que importa é que você não deixou dinheiro na mesa e continuou se colocando em primeiro lugar.

TODOS OS BONS SÃO DEMITIDOS EM ALGUM MOMENTO

Quando eu estava no Ensino Médio, me candidatei a um emprego de meio período em um famoso restaurante alemão em Chicago conhecido por seu sauerbraten com spaetzle. O gerente disse que me treinaria como cumim por três dólares a hora mais uma parte das gorjetas. Aceitei a oferta na mesma hora.

Minha primeira noite passou rapidamente enquanto seguia outros cumins, os garçons e a recepcionista. Passei algumas horas aprendendo a coreografia do salão do restaurante. Era uma dança caótica, e eu sentia que estava dois passos atrasada. Perto do fim da noite, o gerente notou minha presença e me pediu para recolher os vidros de ketchup e levá-los para os fundos da casa. Eu sou uma boa menina. Faço o que me mandam. Um por um, fui a cada mesa e recolhi os frascos de ketchup. Para economizar tempo, coloquei todos em uma grande travessa. Quando tinha todas as 37 garrafas alinhadas, peguei a bandeja e comecei a caminhar para a cozinha.

Você sabe como isso termina.

Dei dois passos e os frascos caíram no chão. Cacos de vidro voaram e havia ketchup vermelho e pegajoso por toda parte — na minha roupa, nas paredes e na meia dúzia de clientes que estavam terminando suas refeições. Parecia um filme de terror alemão. O gerente correu e disse: "Ah, meu Deus. Em meus trinta anos nesta empresa, essa é a coisa mais estúpida que já vi alguém fazer. Saia daqui. Não volte".

O problema é que eu não conseguia sair de lá. Eu não conseguia me mexer. Parecia que meus pés estavam colados no ketchup e meu coração tinha parado. Eu posso ter apagado por um momento, honestamente. Quando finalmente recuperei a consciência, corri para o banheiro — soluçando e me sentindo humilhada. Como pude ser tão burra? Alguém me contrataria novamente?

Enquanto saía do prédio, um garçom veio até mim e disse: "Garota, essa foi a coisa mais engraçada que já vi em toda a minha vida. Você devia ter visto a cara deles — todos eles. Obrigado por me fazer rir. Aqui está sua parte das gorjetas desta noite". Ele me entregou um maço de dinheiro. Fui demitida e mesmo assim ganhei duzentos dólares. Em retrospecto, não é nada mal para uma noite de sexta-feira.

Minha amiga Jennifer McClure é a apresentadora do podcast *Impact Makers* e palestrante e coach de renome mundial em liderança e branding. Quando as pessoas são demitidas, Jennifer tem um sábio pensamento: todos os bons são demitidos em algum momento. Você não consegue ser um pensador criativo ou inovador sem irritar alguém. Os melhores dos melhores aproveitam essa experiência, aprendem com ela e vão melhorar da próxima vez. O fracasso e a rejeição são dolorosos, mas são incidentes menores no contexto maior da vida.

E eu, tipo, espere, espere um pouco. Todos os bons são demitidos em algum momento? Isso é verdade? Sim, ok, fui demitida de um restaurante alemão. Isso conta?

Jennifer me disse que todos nós temos potencial para a grandeza, mesmo os mais duvidosos. A demissão de alguém *hoje* pode ser o alerta necessário para dar a volta por cima *amanhã*. E isso é verdade. Nunca mais trabalhei na indústria de restaurantes.

Quero que você conheça minha cliente chamada Rachel. Ela era diretora de contabilidade de custos em uma empresa de manufatura em Wisconsin. A contabilidade de custos é o departamento que sabe exatamente como o dinheiro é gasto em toda a empresa, especialmente em um ambiente de produção. Pode ser um trabalho altamente político, mas geralmente é ocupado por contadores que não são conhecidos pela inteligência emocional.

Rachel era diferente. Ela era brilhante e encantadora e tinha paixão por pessoas. Mesmo assim, foi demitida. No início Rachel gostava de seu trabalho, mas ela tinha um inimigo: o VP de logística. Seu nome era Eric, e esse cara acordava todas as manhãs com o único objetivo de causar problemas para o departamento de contabilidade de custos.

Um dia, Rachel se envolveu em uma briga por e-mail com Eric por causa de algo simples. (Não é sempre assim que começa?) Rachel mandou um e-mail para Eric, e ele respondeu com uma série de perguntas irrelevantes que eram perda de tempo. Ela respondeu e copiou o CEO e alguns de seus colegas. Ele respondeu e copiou ainda mais pessoas. A negatividade aumentou a cada troca. Rachel tinha o comportamento passivo-agressivo e agia como vítima. Eric era sarcástico e desdenhava. Sem pensar muito, Rachel encerrou um e-mail para Eric com palavras agressivas: "Você é um líder sênior nesta empresa, Eric. Dizer que estou desapontada com seu comportamento e suas habilidades de comunicação é um eufemismo. Aprenda mais, aja melhor".

Não dá para parafrasear a poetisa e ativista Maya Angelou em um sistema de trabalho racista e sexista sem consequências. Com mais de quinze pessoas copiadas no e-mail, incluindo o CEO, eles demitiram Rachel em poucos dias por parecer insubordinada e não aderir ao valor da "comunicação respeitosa" na empresa.

Rachel me encontrou na internet e queria minha ajuda para localizar seu próximo emprego, descobrindo exatamente o que deu errado no anterior. Enquanto trabalhávamos juntas, descobri que Rachel inicialmente gostava de seu trabalho, mas viu sinais de alerta desde o primeiro dia. Muito antes de Eric ser babaca, havia sinais de que a cultura não correspondia à propaganda vista no site onde encontrou a vaga. Perguntei a Rachel o que ela tinha aprendido sobre si mesma com essa experiência e o que faria diferente. Ela disse: "Não importa onde eu venha a trabalhar, e pelo resto da minha carreira, sempre vou saber que um emprego é só um emprego. Vou dar cem por cento de mim, mas vou manter as expectativas baixas e garantir que minhas prioridades estejam alinhadas com meus valores". Para Rachel, suas prioridades eram simples: família, família, família. Aquelas longas horas de trabalho tentando apaziguar o CEO, Eric e todos os outros que achavam que sabiam algo sobre o departamento dela estavam sacrificando seu relacionamento com o marido e os filhos.

"Há um lado positivo na demissão", disse Rachel. "Meu casamento estava sofrendo porque eu estava sempre no computador e obcecada com o trabalho. Eu era desagradável em casa. Precisava que o universo me dissesse: 'Concentre-se nas pessoas importantes que lhe dão mais do que você está dando a elas'".

Nem todo mundo fica tão sereno quanto Rachel depois de ser demitido, embora até mesmo ela tenha admitido que foi difícil para seu ego nas primeiras 48 horas. Mas, depois de passar um ou dois dias em casa, ela disse: "Eu percebi, meu Deus, perdi todo esse tempo com minha família porque estava me entregando a algo que me paga um salário a cada duas semanas. Não tenho orgulho de ter sido demitida, mas não me arrependo".

Recentemente, encontramos um novo emprego para Rachel em contabilidade de custos em outra empresa local, e ela está animada para formar relacionamentos saudáveis com sua equipe de liderança, usando o pré-mortem para antecipar conflitos e priorizando o que mais importa: sua família.

Pessoas são demitidas todos os dias. Às vezes é justificado, às vezes não faz sentido, mas não precisa ser devastador. Nunca é um bom momento para ser demitido, mas sempre é um bom momento para começar a colocar seu bem-estar em primeiro lugar.

Começa com pequenos passos.

Passo um: você é mais do que seu trabalho.

Passo dois: mesmo que você não seja muito bom em seu trabalho, ainda é um ser humano maravilhoso. Repita isso.

Passo três: existem outros empregos por aí, e você vai encontrar um em algum momento.

Passo quatro: todo dia é um recomeço, e, enquanto você estiver respirando, vai ter tempo para tentar de novo. Todos os bons são demitidos em algum momento. Eu garanto. Até você.

DEMITA-SE COM INTEGRIDADE

Às vezes, quando estou me sentindo mal comigo mesma e preciso de um estímulo, penso em todas as pessoas que fizeram coisas estúpidas no trabalho. Certa vez, um funcionário pediu demissão e enviou ao chefe um e-mail desagradável. Era grosseiro, vulgar e raivoso. O chefe descobriu o nome da nova empresa onde ele ia trabalhar e encaminhou o e-mail para o departamento de RH. A oferta foi rescindida e o funcionário ficou sem os dois empregos — o antigo e o novo.

Em outra ocasião, uma funcionária saiu para beber em seu último dia de trabalho. A equipe inteira ficou de porre e ela admitiu que tinha negociado uma indenização confidencial. A notícia chegou ao nosso departamento de RH e a oferta foi rescindida para ensinar a ela — e aos futuros funcionários — uma lição sobre manter a boca fechada.

Mas também vi pessoas honestas e trabalhadoras avisarem com duas semanas de antecedência e serem escoltadas para fora do local como criminosas porque alguém do RH pensou erroneamente que elas não fariam nada de bom nessas últimas duas semanas. Dar o aviso prévio pode não ser grande coisa, ou pode ser um cenário infernal.

Ao se demitir, você tem dois objetivos: comunicar seu último dia de trabalho e resolver todas as pontas soltas sem fazer inimigos. Como você faz isso sem fechar uma porta?

Primeiro, escreva uma carta ou e-mail curto, claro e conciso. Uma vez, uma assistente administrativa pediu demissão por e-mail. Na mensagem parecia que ela estava pedindo uma folga para fazer terapia. Eu tive de perguntar: você está se demitindo ou saindo de licença médica? Porque eu não sabia dizer. Aprenda com essa moça e não se desculpe nem, pior ainda, compartilhe as treze razões pelas quais você está se despedindo. Apenas me informe que seu ciclo terminou e indique a data preferida para seu último dia de trabalho.

Não planeje sua própria festa de despedida. Nada diz mais que alguém é carente e pouco profissional do que planejar seu próprio almoço ou coquetel de despedida durante o horário de trabalho. Se você der uma festa e convidar mais de duas pessoas, convide todos, inclusive seu chefe. E também não espere que a empresa pague por isso.

Esteja disponível para uma entrevista de desligamento. Quando digo "esteja disponível", quero dizer apareça com boas intenções e ofereça um feedback útil. Eles podem não pedir sua opinião, mas você deve estar preparado para dar um feedback construtivo e positivo. Acima de tudo, evite ser negativo e mesquinho. É fácil começar a desabafar e jogar seus colegas na fogueira em uma entrevista de desligamento. Minha amiga Julie Zhuo é VP de produtos do Facebook e autora de *A criação de um gestor: O que fazer quando todos têm os olhos postos em nós*. Ela me ensinou a enquadrar meu feedback de maneira diferente e perguntar: "O que poderia ter sido feito para tornar essa experiência duas vezes melhor?". A estrutura "duas vezes melhor" é útil porque é positiva e voltada para o futuro, não crítica e condescendente. Use essa estratégia para responder como sua organização pode tornar o ambiente de trabalho duas vezes melhor para os futuros funcionários.

Evite fofocas. Indivíduos com integridade não fofocam ao sair pela porta. Se as pessoas perguntarem por que você está deixando a empresa, responda com franqueza, mas sem envolvimento emocional. Você encontrou outra oportunidade boa demais para deixar passar ou queria uma função com maiores responsabilidades de gestão. Mantenha a história curta e direta, redirecionando a fofoca para outra coisa. Tenho certeza de que há algo mais escandaloso acontecendo em seu escritório do que a sua saída. Deixe-os encontrar o drama em outro lugar.

Encaminhe candidatos para vagas até o dia em que você sair. A coisa mais difícil de fazer em qualquer empresa é contratar alguém bom. Se você estiver realmente interessado em manter um relacionamento positivo com seu atual empregador, indique boas pessoas para as vagas — inclusive a sua.

É possível dizer adeus ao seu antigo chefe e olá para uma nova fase da sua vida sem fazer inimigos. Pegue o que você aprendeu neste livro. Seja profissionalmente imparcial, confiante e comedido com suas palavras. Pense antes de abrir a boca. Esse não é apenas um bom conselho para pedir demissão, é uma sabedoria que vai ajudá-lo a se colocar em primeiro lugar e assumir o controle da sua carreira para sempre.

DESPEDIDAS PODEM PARTIR SEU CORAÇÃO

As pessoas se demitem por vários motivos. Talvez, do nada, você tenha conseguido o emprego dos seus sonhos. Talvez um recrutador tenha se aproximado de você com uma oportunidade boa demais para deixar passar. Ou talvez o trabalho do seu parceiro ou parceira esteja forçando uma mudança para outra parte do mundo. Independentemente disso, deixar um emprego pode ser agridoce — para você e para seus colegas. Se você ama seu chefe ou as pessoas com quem trabalha, se despedir costuma ser doloroso. Em vez de racionalizar suas emoções e fingir que nada vai mudar, é importante honrar seus sentimentos e dizer o que pensa. Não saia sem dizer às pessoas o quanto elas significam para você. Mesmo que as palavras sejam deselegantes e desajeitadas, tente.

Certa vez, meu departamento de RH contratou um estagiário de 22 anos chamado Andy durante o semestre de outono, e esse pobre garoto se tornou *o* assunto. Com seu cabelo loiro desgrenhado e uma jaqueta militar esfarrapada coberta de remendos, as donas de casa desesperadas do RH o adoravam. Incluindo eu.

Eu não era muito mais velha que Andy, mas nossas vidas não poderiam ser mais diferentes. Ele passou com louvor no teste de admissão para o curso de Direito e estava se preparando para a próxima fase de sua vida — fazer um mochilão pela Europa antes de estudar. Minha vida estava uma bagunça. Meu marido e eu ainda não éramos casados. Tínhamos terminado por causa da minha atitude negativa em relação ao trabalho e à vida. Em vez de abordar meus problemas na terapia, eu comia McFlurrys do McDonald's e reclamava constantemente do meu trabalho.

Andy e eu estávamos em dois universos separados, mas nos unimos por causa do trabalho. Ele estava comigo nos primeiros dias da minha carreira, quando aprendi a organizar demissões e memorizei roteiros para dizer às pessoas que seus meios de subsistência estavam chegando ao fim. Juntos, vimos a devastação que causamos e aprendemos que há uma maneira melhor de demitir pessoas — com empatia e compaixão.

Andy era um ótimo estagiário, mas também se tornou um amigo — e talvez mais. Ele gravou CDs com suas músicas favoritas dos anos 1990 para minhas viagens e procurava saber de mim quando eu estava trabalhando fora. A amizade dele era radicalmente diferente do meu relacionamento com o restante de nossa equipe, e foi bom ter um amigo no trabalho pela primeira vez em muito tempo. Mas os relacionamentos profissionais podem ser confusos, e a maior parte dessas amizades só existe na bolha do trabalho. As pessoas dizem que manterão contato para sempre. Elas raramente fazem isso.

O estágio de Andy estava terminando e ele estava passando para a próxima fase de sua vida, o que me deixou triste. Pensei em levá-lo para jantar para comemorar suas realizações no último semestre, mas não queria que minhas ações fossem mal interpretadas. Bem, na verdade isso é mentira. Ele era adorável. Eu queria que ele interpretasse mal minhas ações a noite toda, mas meu estúpido trabalho de RH estava atrapalhando. Eu não era sua chefe direta, mas ainda sentia que tinha de cumprir algum código de ética invisível do RH. Por quê? Quem sabe? As pessoas, inclusive eu, complicam demais a vida e os relacionamentos.

No último dia, o departamento de RH encomendou um bolo para Andy. Se você entende alguma coisa sobre RH, sabe que encomendamos um bolo para tudo — aniversários, formaturas, colonoscopias. Nós simplesmente amamos bolo.

Depois que terminamos nossa sobremesa e era hora de ir para casa, Andy se ofereceu para me acompanhar até meu carro.

Saímos para o estacionamento e não havia ninguém por perto. Ele me entregou um último CD, e eu sabia que era um adeus. De repente, havia estrelas em meus olhos e indie rock cintilante em meus ouvidos. Minha frequência cardíaca disparou e comecei a suar. Recuei até a porta do lado do motorista e abri os braços. Andy me abraçou, e eu o abracei com minha pasta de notebook com cerca de dez quilos em um ombro e minha bolsa volumosa no outro. Foi um abraço estranho, mas nenhum de nós queria largar. Ele olhou para mim e se aproximou para me beijar. Rapidamente, virei a cabeça para o lado e a balancei.

"Eu não posso", falei abruptamente. "Desculpe."

Andy olhou para mim e disse: "Poxa. Eu me sinto como o Pacey".

Então ele se virou e foi embora. Eu não o vi mais desde então.

Pacey Witter é um personagem fictício de um programa de TV chamado *Dawson's Creek*. Nunca assisti, mas descobri que ele estava envolvido em um triângulo amoroso com personagens chamados Joey e Dawson. Olhando para trás, talvez fosse assim que Andy se sentisse: em um complicado triângulo amoroso com uma garota e seu trabalho no RH. Mas eu o admiro por sentir seus sentimentos e tentar — mesmo que ele estivesse prestes a ir embora. É preciso ser uma pessoa madura para assumir riscos, se colocar em primeiro lugar, abraçar sua *humanidade*.

Se você tiver outra oportunidade alinhada, saia e siga em frente. Diga adeus aos seus colegas que te ajudaram a crescer. Dê uma festa. Coma um pouco de bolo. Reflita sobre o sentimento agridoce. Descubra se vocês vão continuar amigos. E beije a moça do RH com quem você tem passado tempo, mesmo que ela acabe te rejeitando desajeitadamente no estacionamento.

Arrisque-se. Mas lembre-se de enviar sua carta de demissão primeiro.

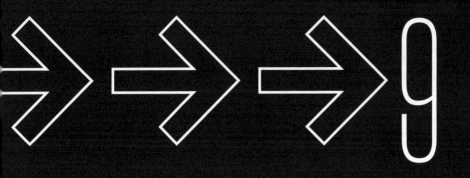

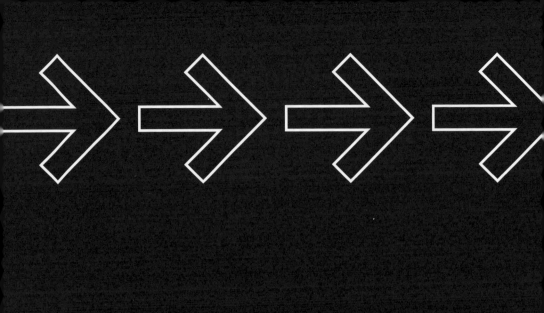

DICAS PARA CONSERTAR O TRABALHO EM SEIS MESES

Apaixone-se pela sua vida, cada detalhe dela.
JACK KEROUAC

Durante o verão de 2019, cerca de duzentos dos CEOs mais respeitáveis dos Estados Unidos se uniram para mudar o futuro do trabalho. Eles declararam que as corporações tinham uma nova missão: entregar valor aos clientes, investir nos funcionários, negociar de forma justa e ética com fornecedores e apoiar as comunidades onde suas empresas operam.

Esse documento é chamado de "Declaração sobre o propósito de uma corporação".[22] É um relatório objetivo que declara uma nova visão: os negócios devem se adaptar e mudar — tornando-se bons administradores de pessoas, de comunidades e do planeta — se quiserem sobreviver e prosperar.

Por que esses CEOs sentiram a necessidade de redefinir o propósito de uma corporação? Não se deixe enganar. Essa não é uma história de bem-estar sobre líderes afetuosos que se tornaram mais sensíveis. São pessoas realistas que entenderam que o mundo do trabalho mudou. Eles não poderiam ter sucesso no século 21 com modelos de negócios ultrapassados do século 20.

Pela primeira vez, cinco gerações de trabalhadores estão uniformemente cansadas de ambientes tóxicos e degradados. O trabalho é uma droga, e as pessoas usam plataformas de mídia social para falar sobre isso. Também há mais mulheres e pessoas negras em posições de poder do que nunca, e elas estão cansadas de esperar que a mudança aconteça. Mercados de trabalho rígidos forçaram as empresas a aceitar a noção de que os funcionários são capitalistas e *consumidores de trabalho* — pessoas que podem procurar empregos por aí, gastando seu tempo e sua energia em qualquer lugar.

De certa forma, a declaração me dá esperança. Quando a definição de uma corporação muda, ela altera a discussão global em torno do trabalho e abre espaço para uma conversa diferente. Durante décadas não se falou em aumentar o salário-mínimo, melhorar as relações com a comunidade, reduzir as pegadas de carbono ou expandir as doações de caridade. Não havia espaço para nada além de lucros e perdas. Mas agora existe.

De outras maneiras, uma nova declaração não corrige nada para as pessoas que sofrem agora no trabalho. Estou falando de pessoas como você, que lutam para acordar, lavar o rosto e passar mais um dia em uma empresa que está cada vez mais sugando sua alma. E também não teria me ajudado quando eu trabalhava na Pfizer. Levei uma década para reconhecer meu próprio desamparo aprendido e chegar a Tijuana. Depois, levei mais uma década para estabelecer e refinar meu sucesso como escritora e palestrante. Nenhum CEO apareceu para me ajudar. Cabia a mim consertar o trabalho. E ainda cabe a você também.

Consertar o cenário global do trabalho é um desafio incrível. Exige que corporações, líderes governamentais, organizações comunitárias, consultores e intelectuais examinem problemas seculares como racismo, misoginia, ganância e corrupção.

Mas começar a consertar seu trabalho exige disposição para se olhar no espelho e perguntar: "Qual é a minha parte?".

Não espere que um grupo de CEOs mude seu futuro. Mude-o você mesmo — e, quanto mais cedo, melhor.

ESCOLHA ALGO NOVO E FAÇA

Quando trabalhei na Pfizer, minha vida parecia o filme dos anos 1990 *Feitiço do tempo*. Bill Murray interpreta um meteorologista da TV que experimenta o mesmo dia repetidamente enquanto visita a cidade de Punxsutawney para mostrar a celebração anual do Dia da Marmota.

De maneira semelhante, todos os dias como gerente de RH eram iguais — trabalho ruim, conversa-fiada sobre o clima, reuniões inúteis, batalhas políticas constantes e um trajeto tedioso para casa. Mas tudo mudou quando voltei de Tijuana. Eu não podia mais comer Starburst e tomar Pepsi para lidar com meus sentimentos. Tive de adotar o hábito de tentar coisas novas para reorientar minha atenção e reformular minha atitude, começando com uma.

Por que tentar uma coisa nova? Bem, muitas pessoas esquecem que a vida não se resume ao trabalho. Também existem relacionamentos e experiências. Tentar algo novo é um ato de esperança e uma declaração de propósito. E eu *realmente* precisava de um propósito além de ser a moça do RH local para alguém.

Para começar com uma coisa nova, fiz um brainstorming de uma série de atividades que queria fazer, mas nunca tive tempo enquanto trabalhava na Pfizer. Pilates. Aulas de culinária. Trabalho voluntário na biblioteca. Rever minhas roupas velhas e doar tudo o que eu não usava havia um ano. Em seguida, escrevi cada atividade em um pedaço de papel. Juntei todas essas ideias em uma sacola e tirei uma. Enfrentei essa atividade até concluí-la ou até ficar entediada. Então eu pegaria outra e começaria do zero.

À medida que introduzia novas atividades em meus hábitos diários, uma a uma, meus frequentes padrões depressivos diminuíram. Fiquei menos obcecada com o trabalho e mais obcecada em me sentir bem. A vida, gradualmente, se tornou mais satisfatória. Fiz aulas de natação no clube atlético local. E, assim que acabou, me matriculei em um curso de escrita criativa na faculdade comunitária. Nos meses seguintes, também limpei meus armários, fui ao cinema com amigos, participei de um clube do livro, fiz mais trabalho voluntário e dei atenção extra às áreas empoeiradas da minha vida que precisavam de limpeza.

Pode parecer que eu estava tentando me distrair me mantendo ocupada. Isso está incorreto. Meu trabalho não mudou radicalmente. Apenas minha visão de mundo evoluiu. Eu me lembrei de como adorava estar em minha comunidade — descobrindo coisas novas, conhecendo pessoas, rindo e me divertindo em uma terça-feira à noite qualquer.

Pegue um caderno e imagine seis coisas que você faria se tivesse tempo. Em seguida, escolha uma. Comece hoje. Aqui estão algumas ideias.

Faça uma aula de culinária. Leia um capítulo de um livro todas as noites antes de ir para a cama. Explore sua herança em sites de genealogia. Escreva cartas de agradecimento. Faça trabalho voluntário no asilo local. Treine para correr cinco quilômetros. Digitalize as fotos antigas de seus pais. Passe suas noites pesquisando e planejando suas próximas férias. Organize suas estantes por cor, por assunto ou até mesmo pelo sistema decimal de Dewey. Dê banho em seus cachorros. Limpe sua garagem.

Aceite a responsabilidade e dedique seu tempo e sua atenção de maneira diferente. Meu sonho para você é simples: experimente algo novo. Se não gostar, escolha outra coisa. Você está escolhendo mais que uma atividade ou hobby — está se priorizando.

Estou apostando em você e mal posso esperar para apoiá-lo nessa nova e maravilhosa empreitada.

TENHA UM MELHOR AMIGO

Um dos meus melhores amigos no mundo é Lars Schmidt. Ele não é um patriarca alemão que bebe cerveja e anda por aí usando trajes típicos. É só um cara normal que mora na Virginia (mas vai saber o que ele veste na privacidade de sua casa).

Anos atrás, Lars e eu éramos dois estranhos que participaram de uma conferência sobre recrutamento na Califórnia. Ele trabalhava como líder no departamento de recursos humanos da National Public Radio. Eu era dona de uma empresa incipiente de consultoria. Tirando algumas conexões frouxas entre nós no LinkedIn, não nos conhecíamos.

As conferências sobre recrutamento são notoriamente monótonas, mas Lars subiu no palco e expressou sua paixão por reinventar radicalmente o mundo do trabalho em torno de funcionários talentosos. Ele pediu às pessoas que parassem de pensar o pior dos trabalhadores e começassem a elaborar políticas e programas de RH que destacassem o que os funcionários tinham de melhor. E também desafiou os participantes do evento a se tornarem versões melhores de si mesmos.

Em um mar repleto de roupas da Chico e bolsas da Coach, me conectei com uma alma gêmea que compartilhava meu amor pela música, pela política e se mantinha humano. Fiquei tão impressionada com seu estilo e sua presença de palco que abri caminho no meio da multidão e disse: "Sou Laurie Ruettimann e quero trabalhar com você".

Não há nada como ter um melhor amigo no trabalho — alguém que te apoia nos dias bons e ruins. Infelizmente, como consultora e proprietária de uma pequena empresa, eu era uma equipe de uma pessoa e, francamente, me sentia um pouco solitária. E não importa o tamanho ou a complexidade de uma organização. A solidão é generalizada.

A Cigna[23] é uma organização mundial de serviços de saúde com sede na Filadélfia e encomendou um estudo sobre a solidão e seu impacto na produtividade da força de trabalho. A pesquisa mostra que as pessoas que relatam ter relacionamentos fracos com seus colegas de trabalho são dez pontos mais solitárias que aquelas que têm laços fortes. Os trabalhadores isolados também pensam em deixar o emprego mais que o dobro de vezes que os trabalhadores não solitários. E os trabalhadores que relataram ser os mais solitários tinham duas vezes mais chances de perder um dia de trabalho por doença e cinco vezes mais chances de faltar no emprego por estresse.

Quando me aproximei de Lars, não estava tentando deliberadamente lidar com minha solidão profissional e pessoal. Achei que o estava convidando para colaborar comigo em projetos nerds de RH como painéis de discussão e podcasts. Mas, na verdade, eu subconscientemente o procurava com um pedido simples: seja meu amigo.

Teria sido estranho se eu dissesse: "Seja meu amigo porque o mundo é vazio e eu preciso de alguém para me proteger. As pessoas são terríveis, preciso de um lugar seguro para desabafar e também gostaria de tornar a vida de alguém mais brilhante". Lars teria corrido para longe e com razão.

Em vez disso, ofereci um convite caloroso, mas claro, para ele se conectar comigo, o que permitiria que ele dissesse não. Felizmente, Lars deu uma olhada em mim e disse: "Pode apostar, amiga. Vamos conversar por telefone".

Nos últimos dez anos, meu relacionamento com Lars cresceu de colaborador de confiança para irmão de outra mãe. Ele é um conselheiro, coach, mentor e amigo. Não sei o que me levou a reconhecer que precisava de um amigo honesto neste mundo. Mas estou tão feliz por ter me arriscado e pedido a Lars para se conectar comigo.

Quer consertar o trabalho para si mesmo? Olhe para fora do seu ambiente imediato e procure pessoas que tenham algo em comum com você. Talvez seja uma paixão por animais, ou mesmo um amor por carros de luxo. Quando você encontrar alguém, não tenha medo de arriscar e dizer: "Temos algo em comum. Eu adoraria falar sobre isso".

Se recusarem seu convite, continue procurando. Não pense em todas as pessoas que o rejeitaram. A rejeição é apenas um segundo no tempo. Pense na pessoa que se sente como você — solitária, incompreendida, presa — e que gostaria de ter você na vida dela. Nunca pare de procurar por esse relacionamento significativo e transformador.

Brené Brown tem um ditado: gente, gente, gente. Ela não está errada, mas eu diria: amigos, amigos, amigos. O caminho mais rápido para a felicidade é consertar o trabalho para um amigo — mesmo que essa pessoa ainda não esteja em sua vida.

ENCONTRE SEU PROPÓSITO EM MENOS DE SEIS MESES

Tenho uma cliente chamada Leila que me pediu para ajudá-la a encontrar um propósito em seis meses. Por que um período tão curto e específico? Ela disse, citando o personagem de desenho animado Popeye: "Já aguentei o que pude, não aguento mais".

Talvez você seja jovem demais para saber alguma coisa sobre o Popeye, mas provavelmente não é jovem demais para entender o sentimento. A paciência de Leila tinha acabado fazia muito tempo, seu bem-estar estava implodindo e sua atitude era supernegativa. Para lidar com todo o estresse, ela se tornou viciada em milk-shakes de chocolate com menta do Chick-fil-A.

"Tenho seis meses para reverter isso", Leila me disse. "Ou vou ficar maluca."

Como coach da Leila, eu tinha dúvidas: por que ela ia trabalhar? Quais eram os principais motivos pelos quais Leila programava o despertador e aparecia no escritório, mesmo preferindo estar em qualquer outro lugar? E quão bons são esses milk-shakes? Eu nunca experimentei. (Mas estou muito interessada.)

Também precisava descobrir o que ela ganhava com o trabalho. Sim, parecia uma tortura. E, sim, Leila estava murchando por dentro. Mas o emprego lhe pagava alguma coisa — dinheiro, plano de saúde, expectativas razoavelmente baixas sobre sua presença. Qual era a moeda que fazia Leila voltar?

Tivemos de definir e explicar a palavra *propósito*. Afinal, algumas pessoas são espiritualizadas, enquanto outras são práticas. Eu precisava saber se estávamos falando de um plano divino ou de um roteiro concreto para atingir objetivos específicos em sua vida.

Se você é como Leila e está travando uma batalha com o emprego, gostaria de pedir que se junte a mim para enfrentar as dificuldades e encontrar seu propósito nos próximos seis meses.

Primeiro, documente os motivos pelos quais você aparece para trabalhar. Você pode usar uma folha de papel, rabiscar nas margens deste livro ou criar um inventário no Microsoft To Do, Nozbe ou Google Slides. Não faz diferença o lugar onde você vai escrever. Apenas aponte dez razões sólidas para você ir trabalhar todos os dias.

Se precisar de algumas ideias, tente estas: financiamento estudantil. Aluguel. Você não consegue encontrar outro emprego que pague mais. Precisa de roupas novas. Manda dinheiro para sua família. Sonha com a aposentadoria. Está economizando para uma nova casa. Seu filho pratica um esporte caro e você quer apoiá-lo. Não pense demais. Tudo bem escrever pedaços de frases. Se tiver dificuldade para começar, programe o timer para cinco minutos. Quando tocar, interrompa o exercício — mesmo que não tenha escrito nada — e tente novamente amanhã.

Depois de ter uma lista, você pode passar para a próxima etapa.

O segundo passo é dizer o que você ganha indo trabalhar. Descreva os benefícios que recebe do seu trabalho. Aqui estão algumas sugestões: salário. Plano de saúde. Plano de previdência privada. Folga remunerada. A satisfação de sustentar sua família. Uma pontuação de crédito mais alta. A possibilidade de acompanhar seu chefe durante as visitas aos clientes e aprender algo novo. Viagens de trabalho para cidades emocionantes. Acesso a tecnologias novas e emergentes. Colegas de trabalho divertidos que sempre sabem quando você está triste. Trabalho significativo que alimenta sua alma.

Se estiver com dificuldade para criar uma lista de benefícios, faça o mesmo de antes e programe o timer. Lembre-se de parar antes de se sentir frustrado.

Feito? Agora você está pronto para a etapa final, em que elaboramos uma declaração clara sobre por que você trabalha e o que ganha com o sistema.

"Eu vou trabalhar para _____, e meu emprego me dá _____."

Talvez você vá trabalhar para pagar o aluguel, e seu emprego lhe dê um salário. Ou talvez você vá trabalhar porque está economizando para pagar a entrada de uma nova casa, e seu emprego lhe dê segurança e estabilidade financeira. Quando eu estava na Pfizer, minhas frases da declaração de trabalho eram assim:

"Vou trabalhar para pagar meu financiamento estudantil, e meu emprego me dá um salário. Vou trabalhar para bancar meu futuro em outro lugar, e meu emprego me dá autonomia e liberdade para descobrir meu caminho. Vou trabalhar para ganhar dinheiro o suficiente para fazer doações a abrigos de animais, e meu emprego dobra minhas contribuições".

Mesmo nos dias mais opressivos, esse exercício me ajudava a ver que eu não era uma vítima. E nem minha cliente Leila, que trabalhava para pagar as contas, mas tinha autonomia para sair de uma reunião chata, dirigir até um Chick-fil-A e tomar um milk-shake quando estava tendo um dia ruim. Isso é algo a ser levado em consideração.

À medida que continuamos a examinar o que está faltando no seu relacionamento com o seu emprego e consigo mesmo, é importante sempre voltar ao *porquê*. Cada um de nós tem um propósito. Pode apenas não ser o que você está esperando.

O produtor do meu podcast, Danny Ozment, é músico e cantor. Danny estava prestes a ser maestro de uma orquestra quando sua filha nasceu com paralisia cerebral. Tornou-se necessário que ele trabalhasse em casa para cuidar da filha — algo incompatível com ser maestro. Em pouco tempo, ele teve de reformular sua vida. Mas por onde começar?

Danny voltou às suas raízes como músico e construiu uma nova vida como engenheiro de gravação trabalhando em casa. Sempre que tinha um momento para si mesmo — no carro, no chuveiro, relaxando no final da noite —, ele ouvia podcasts.

Danny me contou que esses podcasts lhe trouxeram alegria em momentos de grande dor, e ele percebeu que sua experiência em gravar e produzir vozes beneficiaria outros podcasters e seus ouvintes. Mas produzir não era o suficiente para Danny — há um milhão de fornecedores offshore que oferecem esse serviço por um preço menor. Danny visualizou mais. Podcasts de sucesso prosperam na comunidade e em um propósito compartilhado. Então, Danny se propôs a ser um professor e coach que compartilha o que aprendeu sobre marketing e empreendedorismo durante sua jornada empreendedora.

A Emerald City Productions é uma das principais produtoras de podcast do mundo. Tem uma lista de clientes de prestígio e fornece um valor imensurável para apresentadores de podcast como eu. Danny também é um palestrante e coach muito procurado que dá conselhos sobre tudo, de estratégias de marketing digital à construção de comunidades, trabalhando com empresas líderes de segmento e profissionais criativos em quase todos os continentes. E Danny se tornou um amigo que me lembra que propósito é o que você faz dele.

Às vezes o trabalho precisa de conserto porque nossos empregos são péssimos e nossos caminhos, sombrios. Outras vezes, nossa carreira é prejudicada por motivos que estão fora do nosso controle. Mas você pode contribuir e fazer um ótimo trabalho sem ser vítima da narrativa de que tudo o que você faz deve ter motivos celestiais e etéreos. Às vezes, ser o provedor da sua família e ser útil é o suficiente.

Não é incomum desejar uma vida com propósito, mas suspeito que a ausência seja mais interessante que o propósito em si. Você deseja mais significado em sua carreira? Sente falta de algo em sua vida que não consegue descrever? Vou contar o que falei para minha cliente Leila. Talvez você esteja tratando o propósito como algo maior do que ele realmente é.

O propósito não precisa ser a razão elevada ou hipersignificativa pela qual você caminha na face da Terra. Pode ser apenas uma convicção silenciosa que o motiva a seguir em frente quando enfrenta desafios pessoais e profissionais. Ambas as opções valem.

Em vez de se esforçar para identificar seu propósito e exigir uma vida mais significativa em seis meses, determine quais ações você gostaria de realizar e elabore um plano.

Tente preencher as lacunas desta frase:

"Nos próximos seis meses, eu gostaria de _____.
Então eu preciso _____."

Quando pedi a Leila que preenchesse as lacunas, ela escreveu: "Nos próximos seis meses, eu gostaria de tirar férias e desligar o celular. Então eu preciso planejar uma viagem e trabalhar com meus colegas para poder fazer a tão necessária pausa".

Ok, não é um mau começo.

Leila também escreveu: "Nos próximos seis meses, eu gostaria de ser mais feliz. Então eu preciso ligar para o meu programa de assistência ao funcionário e entender o que está faltando na minha vida".

Isso é melhor. *Muito* melhor.

Quais são as suas frases?

A mudança é lenta e gradual, mas acontece. Este livro oferece um conjunto de ferramentas e dicas para você se colocar em primeiro lugar, priorizar seu bem-estar e ser seu próprio departamento de RH. Falamos a respeito de como lutar e recuperar seu equilíbrio entre trabalho e vida pessoal, trabalhar de maneira mais inteligente em vez de trabalhar muito, apostar em si mesmo, aprender algo novo, arrumar suas finanças, ser seu próprio defensor no escritório, procurar novas oportunidades profissionais e sair do emprego com dignidade.

Mas nada muda se você não correr esse risco inicial, apostar em si mesmo e se colocar em primeiro lugar. Você não pode continuar culpando outras pessoas se o trabalho está ruim. Conserte-o você mesmo.

Eu sei que muitas das recomendações deste livro são assustadoras. Mas tudo que recomendo para você eu fiz e apliquei em mim mesma. Quinze anos atrás, eu era uma garota que trabalhava no RH e não conseguia correr um quilômetro. Cinco anos atrás, eu era uma escritora e consultora que corria maratonas, mas ainda não tinha escrito um livro. Cinco meses atrás, eu ainda não sabia se este livro veria a luz do dia. Cinco dias atrás, meu irmão mais novo me ligou e disse que foi diagnosticado com câncer de cólon estágio 3.

Qual é o meu propósito agora? Eu quero ser a melhor irmã possível. Nada é mais importante que isso. E, no entanto, ainda tenho um trabalho a fazer.

Nenhuma jornada é fácil, nenhum caminho para o sucesso é direto e nenhuma vida é vivida sem mágoa e dor. Mas seu trabalho também não deve impedir sua qualidade de vida. Então, se você odeia seu emprego e reclama que ele não está dando certo, pergunte a si mesmo: *o que eu fiz hoje para me colocar em primeiro lugar e finalmente assumir o controle da minha carreira?*

Responda a essa pergunta e é assim que você conserta o trabalho de uma vez por todas.

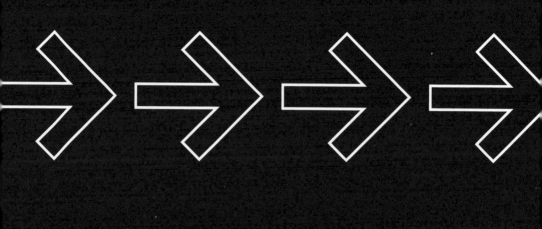

RECURSOS ADICIONAIS

Aposte em você!, o livro, acabou.

Mas apostar em si mesmo está apenas começando.

Visite bettingonyoubook.com para novas ideias, checklists e planos de ação para se colocar em primeiro lugar e finalmente assumir o controle da sua carreira.

Em seguida, acesse laurieruettimann.com/speaking para saber mais sobre como Laurie oferece aulas altamente personalizadas e divertidas sobre trabalho, vida e liderança para pessoas no mundo inteiro.

AGRADECIMENTOS

Escrever um livro prova que a vida é maravilhosa.

Antes de existirem palavras, existia um sonho. Agradeço a Nick Morgan e Sarah Morgan, da Public Words, por me ajudarem a colocar pensamentos longos em frases curtas. E agradeço a Esmond Harmsworth por ser meu agente e mentor (e a pessoa que me levou ao meu primeiro show na Broadway!), e a Libby Burton por mudar minha vida.

A equipe da Henry Holt tem sido a parceira dos sonhos. Agradecimentos especiais à minha talentosa editora, Ruby Rose Lee, por acreditar neste livro e trabalhar duro para dar vida ao manuscrito. Agradecimentos adicionais a Serena Jones, Maggie Richards, Amy Einhorn, Patricia Eisenmann, Caitlin O'Shaughnessy, Grazia Rutherford-Swan, Jason Liebman, Marian Brown, Sarah Crichton e Chris O'Connell por colaborarem para entregar a melhor versão deste livro para os leitores.

Sou grata pelas contribuições e conselhos sinceros de Vadim Liberman, Jennifer McClure, Lance Haun, Lars Schmidt, Tim Sackett, William Tincup, Carmen Hudson, Mary Faulkner, Steve Browne, Kathleen Brenk, Carla Schull, Steven Sims Maginel, Carlos Escobar, Susana Stoll, April Matan, Rana Fahey, Jason Todd e Sarah Brennan. Obrigada pelo apoio on-line e na vida real.

Nenhuma mulher é um fracasso se tiver amigos. Também gostaria de agradecer a Mary Ellen Slayter, Sam Weston, Don

MacPherson, Devon McGrath e Fred Leong, que me viram nas ruas de Nova York logo após meu primeiro encontro com a equipe da Henry Holt. Obrigada por me ajudarem a superar minhas dúvidas nos últimos dez anos e enxergar o valor de ser "famosa em RH".

Tenho uma equipe magnífica que me oferece amor e apoio na Carolina do Norte. Quero agradecer a Kathy Howard, Kristi Martinson, David Fruchter, Heather Cruz, Magy Isidro Tome e Martha Lopez por me apoiarem, cuidarem dos gatos e me ajudarem a administrar meus negócios. Além disso, gostaria de agradecer aos especialistas que me trataram com compaixão e gentileza ao longo do caminho: dr. Don Troyer, dra. Linda Harpole, dr. Paul Andrews, dr. Daniel Guerron e dra. Peregrine Kavros.

Quero agradecer aos meus pais, irmãos e sogros pelo apoio silencioso, mas inconfundível. A vida de cada pessoa toca tantas outras. Eles influenciaram a minha, e sou grata por isso.

Por fim, gostaria de agradecer a Ken Ruettimann por entrar em meu escritório e me convidar para almoçar. Todos deveriam ter a oportunidade de ser amados do jeito que esse homem me ama. O que a gente faz agora, Kenny? O que você quer? Você quer a lua? Basta dizer que sim que eu jogo um laço em volta dela e a puxo aqui para baixo. Ei. Essa ideia é ótima. Eu vou te dar a lua.

Mas, primeiro, vamos adotar um cachorro.

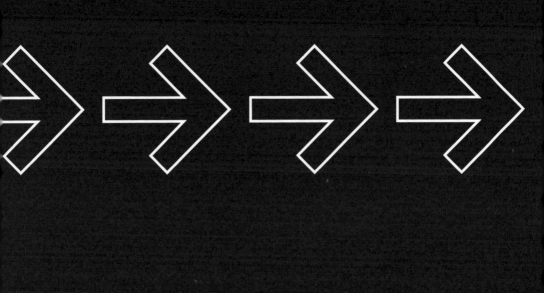

NOTAS

1. A economia gig reflete as transformações provocadas pela tecnologia no mundo do trabalho. Nesse sistema, trabalhadores são contratados para serviços temporários ou sob demanda, sem vínculo empregatício com as empresas que os contratam e na maioria das vezes à distância. Atualmente, é marcante o impacto da economia gig no relacionamento entre prestadores de serviços autônomos e plataformas digitais que atendem às mais diversas necessidades de seus clientes. [N. E.]
2. Isso é chamado de "falácia do custo irrecuperável", em que você continua a gastar dinheiro porque já gastou e não quer sentir que aquele investimento anterior foi uma perda de tempo.
3. https://fortune.com/2011/07/28/inside-pfizers-palace-coup.
4. https://www.wsj.com/articles/SB119733600536720234.
5. https://people.com/celebrity/courtney-love-denies-gastric-band-surgery.
6. https://www.newsweek.com/kidnapped-mexico-border-93483.
7. https://www.forbes.com/sites/melodywilding/2016/08/22/why-reaching-your-goals-can-surprisingly-make-you-less-happy/?sh=4de5db12b880.
8. https://www.idf.org/aboutdiabetes/what-is-diabetes/facts-figures.html.
9. https://www.npr.org/sections/thetwo-way/2016/03/21/470870426/challenger-engineer-who-warned-of-shuttle-disaster-dies.
10. https://hbr.org/2007/09/performing-a-project-premortem.
11. https://carta.com/blog/why-women-get-less-funding.
12. https://www.epi.org/publication/ceo-compensation-2018.
13. https://www.cnbc.com/2018/02/15/heres-how-much-the-average-student-loan-borrower-owes-when-they-graduate.html.
14. https://peggyklaus.com/books.
15. https://laurieruettimann.com/letsfixwork-35.
16. https://www.nytimes.com/2020/02/04/magazine/deutsche-bank-trump.html.
17. https://www.newyorker.com/magazine/2017/06/05/the-work-you-do-the-person-you-are.
18. https://hbr.org/2018/09/to-cope-with-stress-try-learning-something-new.

19 https://www.hbs.edu/faculty/Publication%20Files/Let%20your%20workers%20rebel_b87d0da9-de68-45be-a026-22dee862e6e4.pdf.
20 https://www.weforum.org/agenda/2019/05/the-number-of-men-who-are-uncomfortable-mentoring-women-is-growing.
21 No Brasil, os contratos de trabalho regidos pela Consolidação das Leis do Trabalho (CLT) preveem uma lista específica de direitos a serem atendidos no momento da demissão, por isso as empresas geralmente não abrem espaço para esse tipo de negociação.

Para contratos de outra natureza (entre empresas e trabalhadores "pessoa jurídica"), o leque de negociação pode ser mais amplo, porém, com frequência, as condições são definidas no ato da contratação e não deliberadas no processo de demissão.

De qualquer forma, no Brasil, o tipo de conversa descrito neste tópico só ocorre com executivos nível AAA. Algumas empresas, em certos casos, oferecem bonificações diferenciadas no momento da demissão, mas a decisão é sempre unilateral (da empresa) e não está sujeita a negociação. [N. E.]
22 https://system.businessroundtable.org/app/uploads/sites/5/2023/02/WSJ_BRT_POC_Ad.pdf.
23 https://www.cigna.com/static/www-cigna-com/docs/about-us/newsroom/studies-and-reports/combatting-loneliness/cigna-2020-loneliness-infographic.pdf.

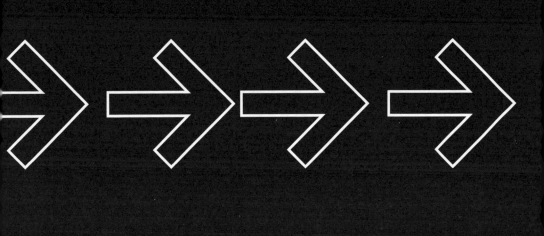

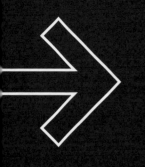

A ÚNICA PESSOA QUE VAI ASSUMIR UM RISCO TOTAL E APOSTAR NO SEU

SUCESSO NESTE MUNDO LOUCO DO TRABALHO

 **É VOCÊ.**

FONTES More Pro, Action Condensed
PAPEL Alta Alvura 90 g/m²
IMPRESSÃO Imprensa da Fé